DIRECCIÓN ESTRATÉGICA PARA NEGOCIOS (MIPYMES)

JUAN C. MENDOZA F.

CJM CONSULTING

DIRECCIÓN ESTRATÉGICA PARA NEGOCIOS (MIPYMES)

Primera edición:
- © *2021, Juan C. Mendoza F.*
- © *2021, CJM CONSULTING Consultoría I Gestión & Estrategia*
  Manzana A Lote 1 Departamento 3A Urbanización Los Corales, Los Ejidos, Piura, Perú
  Jirón Tarapacá # 887A Oficina # 2 Centro Cajamarca, Perú

Segunda edición revisada, ampliada y mejorada:
- © *2022, Juan C. Mendoza F.*
- © *2022, CJM CONSULTING Consultoría I Gestión & Estrategia*
  Jirón Tarapacá # 887A Oficina # 2 Centro Cajamarca, Perú
  Manzana A Lote 1 Departamento 3A Urbanización Los Corales, Los Ejidos, Piura, Perú

Diseño de portada: CJM Consulting
Edición: CJM Consulting

Todos los derechos reservados. Esta publicación no puede ser reproducida, ni total ni parcialmente, ni registrada en o trasmitida por, un sistema de recuperación de información, en ninguna forma ni por ningún medio, sea mecánico, fotoquímico, electrónico, magnético, electroóptico, por fotocopia, o cualquier otro, sin el permiso previo por escrito del autor o la editorial.

ALGUNOS COMENTARIOS PARA *Dirección Estratégica para negocios (Mipymes)*

"Juan C. Mendoza F., es un novel escritor cajamarquino que ha logrado posicionar su primera obra denominada "Dirección Estratégica para negocios (Mipymes)" en la posición número 1 (Best Seller) de Amazon, que es considerada la plataforma de venta virtual de libros más grande del mundo, en las categorías de "Ciencia de Gestión de la Empresa" y "Economía y Negocios en Español" en tiendas como México, España y Estados Unidos. Logrando además destacar, en las primeras posiciones del ranking en la categoría de "Liderazgo Empresarial", al lado de escritores y empresarios de reconocida fama mundial como Stephen Covey, Brian Tracy, Robín Sharma, Michael Porter, Frederick Taylor, Peter Drucker, Sun Tzu, Walter Issaccson, Spencer Johnson, Phil Knight, Howard Schultz, John C. Maxwell, Jordan Belfort, Dale Carnegie y Daniel Goleman entre otros".

Dalia Linares, periodista y redactora diario El Mercurio

"La autoría de ese magnífico libro, que he tenido la suerte de leerlo completamente…Creo que eso es un ejemplo y un estímulo para los intelectuales de Cajamarca que tienen que producir esta calidad de obras, con la finalidad, no solo de culturizar a las personas, sino de contribuir al desarrollo de Cajamarca que, me parece, es lo más importante y debe ser la tarea de los intelectuales".

Dr. Rubén Vílchez, político y empresario cajamarquino

"Lo que Juan Carlos Mendoza hace al escribir este libro, es ser útil para la sociedad, es transferir su conocimiento, lo aprendido, su investigación a las futuras generaciones a los futuros alumnos de la vida que digo yo, que a veces no se gestan en una universidad ni en un instituto, sino que aprenden a ser emprendedores de manera empírica, que tienen más resultado porque van a la ciencia aplicada más allá de la investigación científica que se queda muchas veces en los archivos de la universidad. La universidad tiene mucha investigación científica, pero ninguna de ellas ha sido monetizada, razón por la cual seguimos siendo pobres, no hemos industrializado lo que hemos generado como saber. Yo a Juan Carlos lo felicito increíblemente porque ha posicionado a Cajamarca en Estados Unidos, en México, en España y este libro va a servir no solo para los emprendedores que ya están gestando una idea de negocios sino también para los escolares, yo creo que este libro en la evaluación educativa debe estar en la currícula desde tercero de secundaria, cuarto y quinto, porque el alumno ya debe salir con una idea de negocio, todos tenemos una idea de negocio desde muy niños…felicito a este Best Seller que es profeta no en su tierra sino de otros lugares para Cajamarca, pero nace en Cajamarca".

MBA. Arturo Bazán Vigo, presidente de la Sociedad
Nacional de Industrias SNI Cajamarca

"El libro nos ayuda a poder darnos pautas para una toma de decisiones…, el libro está bastante sustentado no solamente por las precisiones que tiene Juan al ya distribuir las ideas de Porter, de Kohman, Nietzsche, Peter Drucker, Murray, Taylor y una infinidad de filósofos empresariales que hacen que el libro tenga una riqueza total; que uno pueda, no solamente tenerlo en casa para leerlo como planificador sino, como le recomendé a él, es un libro que debería estar obligatoriamente en una universidad para cualquier estudiante que este en ciencias administrativas. Yo recomiendo el libro, recomiendo que pueda ser leído, recomiendo que toda persona que quiera emprender, porque hasta incluso el lenguaje es bastante entendible y

comprensible, se den un tiempo de entender el libro, de llevarlo a la práctica. Yo creo que Juan ha hecho el esfuerzo de reducirnos todos estos años de estudio para que nosotros podamos comprender y vivir de la experiencia del libro".

Mg. Cristian Chávez, escritor, economista y empresario cajamarquino

"Felicitar primero a Juan Carlos por este Best Seller, por este libro del que ha publicado y del que hemos hablado creo que más de una oportunidad, compartimos con él muchos temas de negocios, de empresa y en algunos momentos en entrevistas que hablamos sobre este libro le decía, en algún momento, a veces qué difícil es leer, pero mucho más difícil es escribir en tiempos en los cuales se ha perdido el hábito de lectura, esto realmente tiene un valor enorme…Dirección Estratégica para mipymes es una guía, es una herramienta para cualquier emprendedor…Esto es una herramienta, seguramente como muchos tenemos una biblia en la casa y que en algún momento recurrimos a ella, pues es una cosa así, es tan sencillo y práctico el uso para cualquier tipo de duda o momento que vivas en tu emprendimiento y fácilmente encuentras en que te puede ayudar".

Jorge Rojas Mori, presidente del Directorio de SENATI Cajamarca

Sobre el autor

Autor empresarial, emprendedor, asesor y consultor en gerencia estratégica; productor y conductor del programa de entrevistas Estudio Regional en Cajamarca Televisión; amante de los fierros, los libros y el conocimiento innovador. Nacido en Cajamarca (Perú), la madera intelectual no le llegó del vacío; su padre fue un prominente ingeniero, excelente matemático, campeón ajedrecista y uno de los principales pioneros de la construcción y la ingeniería civil de Cajamarca. Se considera a sí mismo un facilitador, sintetizador, adaptador e integrador del conocimiento gerencial para el crecimiento y desarrollo de las mipymes. Sus estudios superiores los realizó en la Escuela Académico Profesional de Economía de la Universidad Nacional de Cajamarca y sus estudios de maestría en la Universidad Nacional de Piura. Fue jefe de planificación estratégica de la Universidad César Vallejo por varios años, dedicándose a la investigación y el estudio en este campo como una de sus pasiones, posteriormente creó su propio emprendimiento de consultoría en gerencia y estrategia empresarial CJM Consulting. Su último libro publicado "¡No segmentes, integra mercados!", llegó a ser número 1 (Best Seller) en las categorías de "Libre Empresa", "Economía Comparativa" e "Investigación de Mercados" en Amazon México y EEUU y su primer libro "Dirección Estratégica para negocios (Mipymes)" en Amazon.com, el cual llegó a ser número 1 (Best Seller) en las categorías de "Ciencia de la Gestión de Empresas", "Liderazgo Empresarial" y "Economía y Negocios en Español" en tiendas como México, España y Estados Unidos.

*Dedicado a la memoria de mis padres:
Carlos C. Mendoza Vargas,
eminente ingeniero, brillante matemático
y destacado constructor;
y Clotilde Fustamante Idrogo,
directora y maestra de escuela,
una mujer muy trabajadora
¡¡Dios los tenga en su gloría!!*

INDICE

PRÓLOGO 17

INTRODUCCIÓN...19

CAPITULO I 23

¿QUÉ ES LA DIRECCIÓN ESTRATÉGICA?..23

    I.1 PENSAMIENTO ESTRATÉGICO..24

    I.2 DIRECCIÓN ESTRATÉGICA..28

        I.2.1 Pirámide de alineamiento estratégico..31

    I.3 IMPLICANCIAS PARA EMPRENDEDORES, GERENTES Y EJECUTIVOS. 32

CAPITULO II 35

DISEÑO DE LA ESTRATEGIA..35

    II.1 VISIÓN Y MISIÓN..36

        II.1.1 VISIÓN 37

        II.1.2 MISIÓN. 38

        II.1.3 VALORES Y PRINICPIOS 39

    II.2 ANÁLISIS EXTERNO...40

        II.2.2 Microambiente. 43

        II.2.3 Matriz de evaluación de factores externos (EFE) 45

    II.3 ANÁLISIS INTERNO..48

        II.3.1 Administración 49

        II.3.1.1 Planeación 50

        II.3.1.2 Organización...50

        II.3.1.3 Ejecución 52

        II.3.1.4 Control 53

        II.3.2 Marketing 55

        II.3.2.1 Análisis de clientes 55

II.3.2.2 Venta de productos y servicios 56

II.3.2.3 Planeación de productos y servicios 58

II.3.2.4 Fijación de precios 58

II.3.2.5 Distribución 59

II.3.2.6 Investigación de mercados 60

II.3.2.7 Análisis de oportunidades 60

II.3.3 Finanzas y Contabilidad 60

   II.3.3.1 Principales Indicadores Financieros 61

II.3.4 Producción y operaciones 66

II.3.5 Investigación y desarrollo 67

II.3.6 Sistemas de información gerencial 68

II.3.7 Matriz de evaluación de factores internos (EFI) 69

II.4 OBJETIVOS A LARGO PLAZO (MEGA) 72

   II.4.1 Objetivos estratégicos vs objetivos de financieros 73

II.5 DISEÑO DE ESTRATEGIAS 75

   II.5.1. Estrategias de integración 76

      II.5.1.1 Integración directa hacia adelante 77

      II.5.1.2 Integración directa hacia atrás 77

      II.5.1.3 Integración horizontal 77

   II.5.2 Estrategias intensivas 77

      II.5.2.1 Penetración de mercado 78

      II.5.2.2 Desarrollo de mercados 78

      II.5.2.3 Desarrollo de productos 78

   II.5.3 Estrategias de diversificación 78

      II.5.3.1 Diversificación relacionada 78

- II.5.3.2 Diversificación no relacionada. 79
- II.5.4 Estrategias defensivas 79
  - II.5.4.1 Reducción. 79
  - II.5.4.2 Desinversión 79
- II.5.5 Estrategias genéricas 79
  - II.5.5.1 Liderazgo en costos 80
  - II.5.5.2 Diferenciación 80
  - II.5.5.3 Segmentación o alta segmentación 80
  - II.5.2 Matriz de posición estratégica y evaluación de acciones (PEYEA) 80
  - II.5.3 Matriz de fortalezas-oportunidades-debilidades-amenazas (FODA) 89
  - II.5.4 Matriz de planeación estratégica cuantitativa (MPEC) 92
- II.6 IMPLICANCIAS PARA EMPRENDEDORES, GERENTES Y EJECUTIVOS 96

CAPITULO III **99**
IMPLEMENTACIÓN DE LA ESTRATEGIA..**99**
- III.1 OBJETIVOS ANUALES 101
- III.2 POLÍTICAS 104
- III.3 ASIGNACIÓN DE RECURSOS 105
  - II.3.1 Matriz de priorización 106
- III.4 ESTRUCTURA ORGANIZACIONAL 109
  - III.4.1 Estructura funcional 111
  - III.4.2 Estructura divisional 114
  - III.4.3 Reestructuración 116
  - III.4.4 Reingeniería 117
- III.5 CUESTIONES DE RECURSOS HUMANOS 117
  - III.5.1 Personal 118

III. 5.2 Manejo de la resistencia al cambio 121

III. 6 CULTURA ADECUADA 123

III.7 CUESTIONES DE MARKETING 124

 III.7.1 Determinación de mercado ("segmentación") 124

 III.7.2 Posicionamiento del producto 127

III.8 CUESTIONES DE FINANZAS Y CONTABILIDAD 128

 III.8.1 Capital para la implementación de la estrategia 128

 III.8.2 Estados financieros proyectados 128

 III.8.3 Presupuesto financiero 129

III.9 CUESTIONES DE INVESTIGACIÓN Y DESARROLLO (I&D) 129

III.10 CUESTIONES DE LOS SISTEMAS DE INFORMACIÓN GERENCIAL 132

III.11 IMPLICANCIAS PARA EMPRENDEDORES, GERENTES Y EJECUTIVOS 133

CAPITULO IV 135

EVALUACIÓN DE LA ESTRATEGIA 135

 IV.1 REVISIÓN DE LAS BASES DE LA ESTRATEGIA 139

 IV.2 MEDICIÓN DEL DESEMPEÑO 140

  IV.2.1 Factores de éxito empresarial 141

  IV.2.2 Cuadro de mando integral (Balanced Scorecard) 143

 IV.3 TOMA DE ACCIONES PREDICTIVAS, PREVENTIVAS Y/O CORRECTIVAS. 145

 IV.4 IMPLICANCIAS PARA EMPRENDEDORES, GERENTES Y EJECUTIVOS. 146

APENDICE 149

BIBLIOGRAFÍA 153

AGRADECIMIENTOS 156

PRÓLOGO

En el fascinante mundo de los negocios latinoamericanos, cada empresa es un jugador en el ajedrez de la competencia, y las Mipymes son los valientes guerreros que desafían las complejidades del tablero empresarial. Bienvenido a "Dirección Estratégica para Negocios (Mipymes)", un viaje fascinante donde la estrategia se transforma en el arma esencial para conquistar el éxito. Te invito a embarcarte en este viaje que no solo te motivará y desafiará, sino que también te inspirará a tomar las riendas de tu destino empresarial.

Imaginemos a Alejandro Magno, el colosal conquistador de la antigüedad, y a su consejero, el sabio Aristóteles. La relación entre ellos es una lección atemporal sobre la importancia de la mentoría y la búsqueda de sabiduría. Este libro explora cómo la dirección estratégica, al igual que el sabio consejo de Aristóteles, puede ser la brújula que orienta tu empresa hacia el éxito. Aquí encontrarás las herramientas para ser el arquitecto de tu propio destino empresarial.

En el ajedrez, cada movimiento es crucial; así sucede en el mundo de los negocios. A través de casos reales de Mipymes latinoamericanas, descubrirás cómo estrategias bien pensadas y movimientos precisos pueden transformar un pequeño negocio en un jugador destacado en el tablero empresarial. Desde la planificación estratégica hasta la adaptabilidad, aprenderás a jugar tus cartas con maestría y a conquistar nuevos horizontes.

Este libro no solo se sumerge en teorías abstractas; también proporciona datos y estadísticas que respaldan la urgente necesidad de estrategias efectivas en el tejido empresarial latinoamericano. Conocerás cómo las Mipymes impactan en la economía regional y descubrirás los desafíos específicos que enfrentan. Estos datos son la base que respalda la premisa de que la dirección estratégica no es solo una opción, sino una necesidad imperante.

Los datos meticulosamente recopilados por Juan C. Mendoza en estas páginas trascienden la mera acumulación de conocimientos; constituyen un claro llamado a la acción. Después de sumergirte en las enseñanzas de este manual, no solo adquirirás un nuevo bagaje de saberes, sino que también te empoderarás para compartir estos conocimientos con tus colaboradores y seres queridos. Este libro se convierte así en el catalizador de un ecosistema de innovación empresarial que podrás cultivar y expandir.

Si todos comprendieran la vital importancia de contar con una dirección clara y precisa, no solo para los emprendimientos individuales, sino para integrarlos de manera sinérgica en el panorama de la investigación, desarrollo, innovación y emprendimiento, podríamos forjar una realidad completamente distinta. Imagina un escenario donde la dirección estratégica no solo impulsa el éxito empresarial, sino que también actúa como el motor que impulsa el avance hacia una industria sostenible. En este paradigma, la dirección estratégica se convierte en el cimiento sobre el cual edificamos un futuro más próspero y sostenible para todos.

En la encrucijada del tablero empresarial, recuerda que cada movimiento estratégico es una oportunidad para forjar tu propia epopeya. "Dirección Estratégica para Negocios (Mipymes)" no es solo un libro, es tu hoja de ruta hacia el éxito. En este emocionante viaje, la dirección estratégica se convierte en el faro que ilumina el camino hacia nuevas conquistas. Prepárate para liderar con maestría, aprender con humildad y conquistar con determinación. Este libro no solo te invita a jugar en el ajedrez de los negocios, sino a ser el arquitecto de tu propia victoria. Tu viaje comienza ahora. ¡Conquista el éxito empresarial y haz que cada movimiento cuente en tu propio juego triunfal!

MBA. ABG. ARTURO A. BAZÁN VIGO
Presidente de la Sociedad Nacional de Industrias (SNI) - Sede Cajamarca
Presidente del Comité de Industrias de la Cámara de
Comercio y Producción de Cajamarca

INTRODUCCIÓN

*Si queremos ser considerados responsables
en nuestra contribución, tendremos
que preocuparnos porque nuestro producto,
o sea, nuestro saber, sea útil.*
Peter Drucker

En la Era de la Información, tenemos algunas ventajas como la democratización de los canales, los medios y los accesos a los mercados globales, entre otras cosas; pero dichas ventajas, también pueden tener sus dificultades, como lo que señala el psicólogo norteamericano George Silverman, un referente en el campo del marketing, cuando nos menciona que, en la Era de la Sobrecarga, las personas necesitaran de simplificadores y facilitadores (Silverman, 2013). Esta "dificultad" de la sobrecarga, trataremos de verla como una oportunidad, para convertirnos en simplificadores y facilitadores de la información; lo cual, se pretende lograr con este modesto trabajo, allanando el camino del entendimiento y la comprensión en el conocimiento gerencial aplicado a la micro, pequeña y mediana empresa (MIPYME).

Este libro no ha sido escrito para académicos; ha sido escrito para emprendedores y empresarios de las micro, pequeña y mediana empresa (MIPYMES), que tengan ambición y deseos de superación; así como también, puede ser muy útil para administradores, gerentes o directivos; que quieren afianzar o refrescar sus conocimientos de una manera accesible, clara y sencilla; sin tanto tecnicismo de la basta literatura académica, pesada y enorme, que muchos hemos revisado, en nuestra época de estudiantes y/o investigadores en el tema, ávidos de conocimiento, para aplicarlos en las decisiones de nuestra vida ejecutiva y/o empresarial.

Como mencioné anteriormente, el presente trabajo pretende llegar a emprendedores, empresarios e intraemprendedores (emprendedores al interno de una empresa), que necesiten de herramientas claras y precisas, que por cuestiones de tiempo u otras causas, tienen limitaciones o les es complicado acceder a enormes libros de investigación y academia sobre gerencia y negocios, escritos en su mayoría para megaempresas y grandes conglomerados, extremadamente elaborados y sobreabundantes de información -a veces innecesaria-; que muchos lectores y emprendedores consideran tedioso revisar, al menos para aplicarlo al contexto de las micro, pequeña y medianas empresas (MIPYMES).

En cuanto a emprendimientos emergentes, muchos indican que cuando empieza un negocio el porcentaje de fracaso está entre el 80% y 90% los 2 primeros años; y que el 90% restante no sobreviven a partir de los 3 años siguientes[1]. Como se puede ver el riesgo es altísimo; por ello, pocos son los que poseen las agallas suficientes para asumirlo sobre semejante realidad. Las causas, de acuerdo con los estudios, son varias, y entre las principales, sino la más crítica desde mi punto de vista, es la falta de conocimiento gerencial y estratégico sobre lo que vamos a emprender[2].

La mayoría de emprendedores, cuando se aventuran en sus ideas creativas e innovadoras -que por cierto muchas de ellas son muy buenas-, lo hacen como un juego a la ruleta rusa o como un juego de tirar la moneda al aire, persignarse y a ver si sale cara o cruz. El resultado es, que simplemente sus emprendimientos quiebran en cuestión de tiempo; y no porque la idea no haya sido buena, sino porque no supieron utilizar adecuadamente el conocimiento gerencial y estratégico que los guie por el camino correcto hacia el éxito de su organización.

Países como China, una de las economías más grandes del mundo, iniciaron su despegue económico cuando apenas era un país subdesarrollado; considerando entre uno de sus pilares para el gran despegue, el de implementar, en sus procesos educativos, la capacitación y enseñanza de conocimientos gerenciales en su población, a través del primer Instituto Chino Europeo de Administración en 1984 (Oppenheimer, 2018); gran parte de ese progreso económico se lo debe a esa gran preocupación por la educación gerencial.

Entonces, tenemos que el conocimiento gerencial y estratégico es fundamental para permitirnos el despegue económico de nuestros emprendimientos y negocios; es la guía y el camino que se da para que se posen e impulsen las ideas creativas e innovadoras que se proponen, tanto visionarios y emprendedores, que pretenden cambiar su realidad y transformar el mundo en el que viven. El conocimiento estratégico es como el molde donde se posan esas ideas creativas e innovadoras,

---

[1] *Véase J.L. Bazán, Administración Estratégica (2016)*
[2] *Véase Carlos Niezen, Mentalidad Estratégica (2020)*

que van a dar como resultado esa obra maestra grandiosa y anhelada; sin ese molde no existe obra maestra.

Para todo emprendedor, no solamente es ampliamente fundamental poseer conocimientos básicos sobre *Dirección Estratégica*; sino que es un requisito necesario e ineludible; si lo que se quiere es lograr el éxito y hacer trascender a su empresa. Al no tenerlo, como hemos visto, formará parte de esa terrible estadística mencionada anteriormente, dentro de ese 90% de emprendedores que no pasan de los 3 primeros años.

El presente trabajo, cumple precisamente la noción de brindar los conocimientos necesarios, básicos y esenciales que todo emprendedor, que se precie de exitoso, debe saber; desde un contexto aplicado a las micro, pequeñas y medianas empresas (MIPYMES), que son la gran parte de la masa económica que mueve nuestros países, regiones y el mundo entero.

Este texto, se basa en el libro "Conceptos de Administración Estratégica" de Fred R. David aplicado a la micro, pequeña y mediana empresa (MIPYME), así como también posee los mejores planteamientos y experiencias extraídos de autores, académicos, investigadores, emprendedores y consultores de renombre nacional, regional y mundial tales como Michael Porter, Peter Drucker, Chan Kim, Renée Mauborgne, Daniel Kahneman, Humberto Serna, Carlos Niezen, Jeff Bezos y Richard Branson entre otros; los cuales los tenemos citados también, junto a sus obras, en la parte bibliográfica al final del presente. Además, se agregan algunos aportes propios como *la sintonía cultural, el margen de maniobra, el crecimiento posicionado, la determinación del mercado, la integración de mercados* entre otros conceptos más; fruto de años de experiencia, investigación y el estudio en el campo de la gerencia y planificación estratégica.

El libro está estructurado en 4 capítulos. En el primer capítulo tenemos planteado entender ¿qué es la *Dirección Estratégica*?, explicada no necesariamente como un concepto académico; sino más bien, como un proceso necesario del ciclo empresarial en la práctica, principalmente para el contexto de la micro, pequeña y mediana empresa (MIPYME) y utilizando como pieza fundamental el *pensamiento estratégico,* clave para diseñar el camino de un negocio hacia el éxito.

En los siguientes capítulos, segundo, tercero y cuarto se describen las tres etapas del proceso de *Dirección Estratégica*, como son el diseño de estrategias, la implementación de las estrategias y la evaluación de la estrategia, en ese orden respectivo.

En el segundo capítulo trataremos conceptos como la Visión, Misión, el análisis externo, el análisis interno, los objetivos a largo plazo y el diseño de estrategias propiamente dicho; como elementos que constituyen esta primera etapa del diseño de la estrategia y que son el punto de partida para iniciar el camino por donde debe transitar todo negocio.

El tercer capítulo constara de los aspectos funcionales como administración, marketing, finanzas y contabilidad, investigación y desarrollo (I&D), y sistemas de información gerencial que se tienen que tener en cuenta para realizar una implementación adecuada de las estrategias.

Y finalmente, en el cuarto capítulo vamos a tratar conceptos como la revisión de las bases de la estrategia, la medición del desempeño y la toma de acciones correctivas, que constituyen los elementos a tener en cuenta, para hacer una evaluación de estrategias que nos permita realizar los ajustes necesarios para una mejora constante de nuestra maquinaria, como una unidad bien estructurada de nuestro negocio o emprendimiento.

Al final de cada capítulo he agregado un apartado denominado implicancias para emprendedores, gerentes y/o ejecutivos, a manera de conclusión o resumen, a fin de señalar los aspectos más importantes a tener en cuenta por parte de los estrategas en la dirección de sus empresas.

A lo largo del texto, tal vez usted encuentre palabras como "entender" y "comprender"; es necesario que conozca la dimensión en que las empleo para una mejor asimilación. Cuando hablo de entender me refiero al reconocimiento cognitivo de determinada información, sin la necesidad de estar a favor o en contra de ello; en cambio la comprensión va mucho más allá, es el entendimiento y potencial práctica de la información recibida, es decir, se entiende y se está de acuerdo con ello para su aplicación. Esa es la diferencia entre entender y comprender algo, y es como la emplearemos en este modesto trabajo.

En la parte final también tenemos un apéndice con una serie de preguntas que guiaran desde las diferentes funciones como administración, marketing, contabilidad, entre otros, que posee la empresa para reconocer variables y elementos que sean importantes para la evaluación y la elaboración de estrategias que pretendemos establecer.

Cabe resaltar también que, cuando hablemos de emprendedor, empresario, gerente, ejecutivo, estratega o directivo, para efectos del uso y aplicación del texto, lo utilizaremos con el mismo significado o sinónimo; así que, cuando mencionemos la palabra estratega, nuestro lector podrá saber que nos estamos refiriendo a un emprendedor, empresario, gerente, ejecutivo o directivo de una organización indistintamente de su tamaño.

De la misma manera, cuando hablamos de empresa, organización, compañía o negocio, nos estamos refiriendo indistintamente a las micro, pequeñas y medianas empresas, refriéndonos simplemente como MIPYMES, salvo alguna aclaración que se haga en específico

CAPITULO I

¿QUÉ ES LA DIRECCIÓN ESTRATÉGICA?

Los buenos líderes empresariales crean una visión,
la articulan, se identifican apasionadamente con ella
y la impulsan sin descanso hasta completarla.
Jack Welch

En una investigación presentada en su libro[3], el periodista de negocios Kevin Murray señala que a los líderes de las compañías más exitosas de Europa les preguntaron cuales consideraban las destrezas más importantes para el liderazgo y éxito que han logrado en sus organizaciones; las respuestas, en su gran mayoría, fueron en el siguiente orden de importancia:

1. Destreza intelectual única y un agudo pensamiento estratégico
2. Capacidad para elegir a las personas correctas y sintonizarlas con la causa de la organización.
3. Comunicación activa y alta motivación sobre las personas.
4. Don de gentes.
5. Un fuerte sentido de la misión.

Como podemos observar, además de la agudeza y destreza mental que debe poseer un líder, la gran mayoría coincidieron en la importancia de poseer un agudo *pensamiento estratégico;* que, como podrá darse cuenta, está muy ligado a la destreza

---

[3] *Véase Kevin Murray, El lenguaje de los líderes (2019).*

intelectual para lograr el éxito en una organización, por ser un pensamiento muy reflexivo.

Luego, como elección número dos, tenemos la capacidad de saber elegir las personas correctas y alinearlas con la causa de nuestra organización, que también corresponde parte importante de la *Dirección Estratégica*, que utiliza justamente el pensamiento estratégico más reflexivo, buscando sintonizar a nuestro equipo con nuestros valores y objetivos empresariales –y no solo eso, sino que debemos encontrar aquellas personas que ya desde la selección sintonicen con nuestro negocios-, esto es a lo que denomino **sintonía cultural** que lo veremos más adelante.

La comunicación activa y la alta motivación, no dejan de ser elementos que, indiscutiblemente pertenecen a la *Dirección Estratégica*, como veremos posteriormente, ya que el proceso mismo de la *Dirección Estratégica* es el proceso, valga la redundancia, de las personas, la gestión, la comunicación y la motivación de las mismas. Parte de la comunicación activa y la motivación del personal, la podemos aprender de uno de los más grandes emprendedores del acero: Andrew Carnegie. Se dice que en su fábrica encontró a unos obreros fumando cigarrillos junto a un letrero que decía: *"estrictamente prohibido fumar dentro de las instalaciones bajo sanción grave a quienes incumplan"*, cuando los obreros vieron a Andrew, se asustaron y quedaron paralizados; Andrew se acercó, los miro fijamente, saco una cajetilla de cigarrillos y les dijo: *"¿gustan cigarrillos…?"*, cada uno pasmado tomo un cigarrillo; luego les dijo: *"pueden ir a fumar afuera en el patio…"* y se retiró; los obreros se quedaron impresionados y dijeron: *"como no motivarse con un jefe así"*.

Por su parte, el don de gentes, indudablemente es una cuestión actitudinal inherente al liderazgo. Guy Kawasaki- experto líder en comunicación que trabajo con Steve Jobs- lo describe muy bien cuando una vez, ante tanta insistencia de Richard Branson de que sea cliente de su aerolínea, Guy le dijo: *"seré cliente el día que el gran magnate Richard Branson me lustre los zapatos";* a lo que Richard volteó lo miro y le dijo: *"…hecho",* y se puso a lustrarle los zapatos. Desde aquel día Guy es el cliente más fiel y fanático que pueda haber de Virgin Atlantic Airways.

Y finalmente tenemos en el quinto lugar, el sentido de la misión, que es parte estructural tanto de un líder como de la organización, el saberla diseñar e implementar para encontrar el propósito que los mueve y los acciona hacía el éxito lo veremos más adelante.

Con ello, nos queda claro que la dirección de un negocio, con sentido estratégico, es ineludible para cualquier empresa u organización que busque conseguir resultados sobresalientes.

I.1 PENSAMIENTO ESTRATÉGICO

Como habremos podido darnos cuenta, lo antes mencionado nos muestra que el *pensamiento estratégico* es una de las bases de donde se parte, una actitud crítica y reflexiva que debe poseer un emprendedor, empresario o directivo de éxito; lo primero que debemos tener en cuenta, si queremos llevar nuestro negocio al siguiente nivel de crecimiento y dejar el estado al que denomino *estado de supervivencia empresarial* en el que la mayoría de empresas pequeñas o que recién empiezan viven continuamente en este estado automático de supervivencia, apagando incendios sin llegar a ningún puerta más que a la subsistencia.

En un *estado de supervivencia empresarial* continuo no prima el *pensamiento estratégico*; sino por el contrario, la forma de guiar el negocio se basa en el día a día, centrado mayormente en las actividades puramente operativas (llamadas también actividades corrientes) y en otros casos, más críticos, solamente viven apagando incendios (*estado de emergencia y alerta constante*) generados por la falta conocimiento, actitud y sobre todo por falta de *pensamiento estratégico* en la gran mayoría de los casos.

Daniel Kahneman, hizo una investigación relacionada con la toma de decisiones de las personas y los consumidores, en donde llega a la conclusión de que los seres humanos decidimos utilizando dos sistemas: un sistema intuitivo, inmediato, instintivo, emocional, inconsciente y rápido, al que denominó sistema 1 –vía rápida-; y un sistema racional, lento, reflexivo, lógico, menos frecuente, más consciente y calculador, a este lo llamó sistema 2 -vía lenta-[4]. Este trabajo le valió el premio nobel de economía.

Una de sus conclusiones más valiosas y por las que se mereció honores, está relacionado con la eficacia en la toma de decisiones en el uso de un sistema u otro y la complejidad de los contextos; con este estudio se demostró que nuestro cerebro toma decisiones mayormente utilizando este sistema 1 en situaciones complejas, siendo esto una grave equivocación; es decir, la intuición puede ser lo más acertado para situaciones simples o cotidianas, pero no para situaciones que requieren mayor capacidad de análisis y reflexión por su complejidad.

Lo anterior nos podría explicar parte de los terribles errores que se cometen en las decisiones empresariales y la tasa de fracasos que hemos descrito anteriormente, no hay *pensamiento estratégico*. El lector podrá darse cuenta, que *el pensamiento estratégico* corresponde al sistema 2 racional y reflexivo que forma parte inherente del conocimiento gerencial.

Cuando usamos el *pensamiento estratégico* tendremos mejores posibilidades de pasar del *estado de supervivencia* a un **estado de crecimiento o desarrollo empresarial**, que nos permita llevar nuestro negocio al siguiente nivel, de manera *escalonada y posicionada*; y no quedarse estancados, como se ha observado que le suceden a la mayoría de MIPYMES.

Qué no se cuente con este modo de pensar conlleva a la empresa a participar en un juego de "*jugar para no perder*", es decir jugar a perdedor; muy por el contrario, cuando lideramos y gestionamos nuestros negocios utilizando el *pensamiento estratégico*, estamos entrando en el modo de "*jugar para ganar*",

---

[4] *Véase Daniel Kahneman, Pensar rápido, pensar despacio.*

tenemos la convicción de ganar, no de no perder; que marca una gran diferencia entre el éxito o fracaso.

Pero, ¿qué es el pensamiento estratégico? Se ha escrito sobre ello, y mi objetivo no es llenarnos de conceptos y definiciones que lleguen a complicar o confundir con tanta terminología a nuestros lectores. Mi propósito es, por el contrario, hacer llano el camino de comprensión de lo que es el *pensamiento estratégico* y todo lo que desarrollaremos más adelante.

Cuando nos trazamos una visión de futuro desde una realidad reconocida por nosotros, fijándonos objetivos para llegar a esta, a través de una misión que nos dé el propósito y nos permita definir las estrategias adecuadas para lógralo con acciones y herramientas debidamente alineadas a estas, es que estamos utilizando el *pensamiento estratégico*.

Como podemos observar en la figura Nº1 se presenta nuestro modelo de pensamiento estratégico diseñado para CJM Consulting (nuestra marca de consultoría especializada en dirección y gestión estratégica de negocios), que define claramente de manera gráfica como lo entendemos, lo cual nos ayudará a responder posteriormente nuestra pregunta sobre ¿qué es la *Dirección Estratégica*?

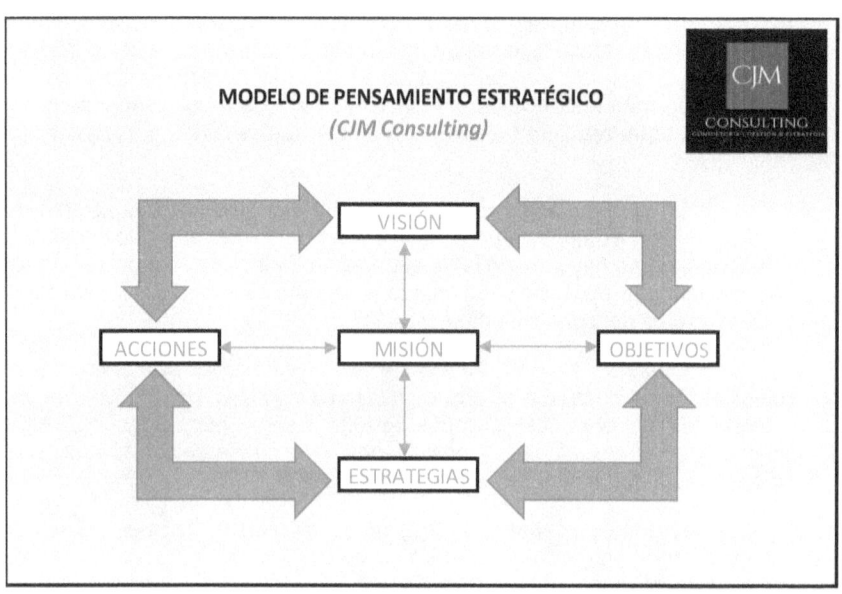

Figura Nº1: Modelo de pensamiento estratégico CJM Consulting
Fuente: Adaptación tomada de José María Sainz. El plan estratégico en la práctica, 2012

En la figura Nº1 podemos ver la Misión de nuestro negocio ubicada en el centro y como es de suponer, usted se preguntará ¿por qué la ubicamos en el centro? La ubicamos en el centro debido a que la Misión es lo que nos mueve y es el propósito de todo lo que hacemos en nuestra empresa; algunos autores lo definen como el alma de la empresa, sin ella el cuerpo físico, en este caso nuestro negocio, no tendría ningún sentido ni motivación.

La Misión es la fuerza motivadora que nos mueve a plantear las estrategias y acciones que nos llevarán hacia nuestros objetivos esperando lograr un futuro deseado (Visión); dicho de otro modo, la Misión es el puente -el nexo que une- entre la Visión y objetivos con nuestras estrategias y acciones, es por ello que la ubicamos en el centro de nuestro modelo, es el eje de nuestro negocio, lo que le da sentido a nuestra existencia, eso es emprender con propósito.

Así también, en nuestro modelo, podemos observar que, tanto la Visión, objetivos, estrategias y acciones están relacionadas entre sí; es decir que, ante un cambio en alguna puede generar cambios en las demás, los cuales deben ser coherentes entre todos, a esto es a lo que denomino tener *coherencia estratégica*. La Misión se vincula y relaciona tanto con la Visión y objetivos, como con las estrategias y acciones en un proceso interactivo e interdependiente como lo muestran las flechas de la figura Nº1.

Entonces, nuestro modelo de pensamiento estratégico permite vernos y movernos como un sistema coherente y bien estructurado (unidad-coherencia estratégica), que nos permitirá tener resultados superiores. De esta manera, nuestro negocio se moverá como una unidad compacta y no dispersa en post de sus objetivos a alcanzar, esta es la mejor forma de lograr resultados satisfactorios en modo de crecimiento. Has de tu negocio una unidad bien estructurada y coherente.

Un gran ejemplo de coherencia estratégica lo podemos tomar de la física a nuestro campo, como son las ondas de rayos láser, que cada una de ellas se sintonizan a una frecuencia de coherencia, que puede dar como resultado la perforación de algún material duro como la madera; a diferencia de las ondas de iluminación de una bombilla eléctrica que están desalineadas, dispersas e incoherentes unas de otras por un lado y otro, lo cual no tiene el poder de perforar una madera como lo puede hacer el rayo láser. Igual es nuestro negocio cuando está bien estructurado y posee coherencia, genera inevitablemente resultados de superiores y de impacto. Así que, nunca se olviden que la estructura y la correcta coherencia estratégica es fundamental para su negocio.

Podemos decir que el *pensamiento estratégico* forma parte indiscutible de la *Dirección Estratégica* -Administración Estratégica en los ámbitos académicos- ya que es un proceso pensante y reflexivo que algunos autores lo denominan también planeamiento estratégico, que es una etapa del proceso de dirección estratégica. Cabe aclarar que existen investigadores que utilizan el término planificación estratégica como sinónimo o equivalente de dirección estratégica o administración estratégica, pero ello ya sería tema de remontarnos y profundizar en la historia y evolución del planeamiento estratégico desde sus inicios, lo cual no es el propósito del presente trabajo. Nos basta saber que el concepto de *Dirección Estratégica* es más amplio que el de planificación estratégica.

I.2 DIRECCIÓN ESTRATÉGICA

Usted habrá sabrá de la compañía Amazon, la empresa más valiosa del mundo; a través de su fundador, líder y estratega Jeff Bezos, maneja en su filosofía empresarial un concepto muy peculiar considerando a su modelo de negocio como un motor, al que denomina el "engrane de crecimiento" [5], sustentado sobre 3 pilares fundamentales: la observación de los clientes, la innovación extrema y la administración a largo plazo (Dumaine, 2020).

Como el lector habrá podido darse cuenta, en la filosofía de éxito de Amazon, la idea de motor o engrane, se refiere a lo que hemos mencionado como una *"unidad bien estructurada"*, a través de la coherencia existente en el proceso del *pensamiento estratégico* y la *Dirección Estratégica*. Así mismo, de los 3 pilares como son la observación de los clientes, vemos que este refiere a la eficacia de la empresa -que más adelante trataremos-; la innovación extrema es vital para este tipo de negocios por ser netamente tecnológicos; y la administración a largo plazo, no es otra cosa que el valor que le da Jeff Bezos a la *gestión estratégica (mirada de largo plazo)*, como uno de los pilares fundamentales del éxito que ha logrado su empresa.

Carlos Niezen, autor y consultor reconocido, nos dice que en una de sus investigaciones descubrieron que las empresas de pobre desempeño financiero planifican con muy baja frecuencia, en razón de 4 a 1, comparada con las empresas de alto desempeño; lo que cuál es un graso error, ya que el mundo de los negocios es dinámico (Niezen, 2020). Como veremos luego, la planificación forma parte orgánica de la *Dirección Estratégica*.

Con esta muestra, como hemos podido darnos cuenta, la *Dirección Estratégica* está presente siempre en las compañías exitosas y de rendimiento superior; desdeñarla a un segundo plano como hacen muchos negocios de supervivencia y otros con mucho desconocimiento (la mayoría), nunca debe ser una opción, si se es ambicioso y lo que se busca es tener éxito en el mundo empresarial.

Y es que, emprender es como un juego de ajedrez, primero ubicas tus mejores fichas, de acuerdo al escenario que se te presente; luego de ello, cuando las tienes en la posición correcta, en el momento correcto y el tablero correcto, lanzas el ataque y el resultado será un eminente jaque mate. Para lograr ello, el

---

[5] *Este modelo de negocio nació a partir de las ideas del escritor y consultor empresarial Jim Collins, propuestas en su Best Seller Empresas que Sobresalen (2001), y sus reuniones que éste tuvo con Jeff Bezos y su equipo directivo, quienes comprendieron muy bien sus ideas y la propuesta del modelo de Engrane de Collins, no solo como modelo de negocio, sino como una forma de pensar estratégica para Amazon. A partir de allí, Amazon, que estaba al borde de la quiebra, comienza a despegar y lograr el éxito que ahora todos conocemos.*

pensamiento estratégico juega un papel fundamental. Sun Tzu decía: *"los mejores generales son los que saben escoger sus batallas"*[6]. Al entendimiento, comprensión y aplicación de todo esto en el terreno empresarial, lo denomino **emprendimiento profesional**.

Ahora bien, ya hemos entendido el *pensamiento estratégico* y la importancia de la *Dirección Estratégica*, entonces podemos responder la pregunta de nuestro apartado inicial: ¿Qué es la *Dirección Estratégica*?

Como mencionamos anteriormente el término administración estratégica es usada en los ámbitos académicos, y en el campo empresarial se usa generalmente el concepto de planeación estratégica; se ha tomado el término *Dirección Estratégica* por ser más completo y abarca todo el proceso de la gestión empresarial, por lo que nuestra definición más que académica será mayormente práctica.

Entonces, podemos decir que la *Dirección Estratégica* es el proceso por el cual una organización, empresa o negocio diseña, implementa y evalúa sus estrategias de gestión para lograr sus objetivos empresariales utilizando el pensamiento estratégico. El desarrollo de esta definición está basado en lo propuesto por Fred R. David (2008) sobre las fases del proceso de administración estratégica que, a mi parecer, es la mejor forma de abordarla. Otra forma de responder a la pregunta sería que, la *Dirección Estratégica* es la utilización y aplicación del *pensamiento estratégico en los procesos de gestión de la empresa*.

El proceso de *Dirección Estratégica* debe de integrar los diferentes tipos de decisiones, de acuerdo con las funciones que posee toda empresa, tales como administración, marketing, finanzas, contabilidad, producción, investigación y los sistemas de información para alcanzar el éxito.

La *Dirección Estratégica* es ciencia y arte a la vez, ya que es tanto metódica y reflexiva, así como práctica e intuitiva. Los mejores estrategas son los que combinan ambos métodos de tal forma que logran resultados sobresalientes. Recuerden la investigación de Kahneman con su sistema 1 y sistema 2 de pensamiento para la toma de decisiones.

Como puede parecer obvio, la *Dirección Estratégica* en las empresas grandes es más formal que en las pequeñas empresas, pero cuando se utiliza, como bien se mencionó anteriormente, a través del pensamiento estratégico, sus resultados son mucho más prometedores que las que no la usan.

La mayoría de las investigaciones realizadas en la administración estratégica en los ambientes académicos están diseñadas para mercados, industrias y empresas a gran escala (corporativas), mercados enormes como los de Norteamérica, Asia o Europa; lo cual hace, para la mayoría de pequeños y emergentes emprendedores, complicado y tedioso de estudiar y aplicar a su

---

[6] *Véase Sun Tzu, El Arte de la Guerra (1999).*

realidad; sobre todo cuando estamos hablando de micro, pequeñas y medianas empresas (MIPYMES).

Entonces, trataremos de simplificar y adaptar en nuestro modelo de dirección estratégica para MIPYMES como se muestra en la figura N° 2, en donde podemos observar que se conforma de tres fases: 1. diseño de la estrategia, 2. implementación de la estrategia y 3. evaluación de la estrategia o de los resultados. En este caso el proceso es el mismo sea una empresa grande o pequeña, lo que cambia son el número de las herramientas a utilizar. Una herramienta que funciona bien en una megaempresa, no necesariamente significa que se pueda aplicar en una pequeña empresa.

En la figura N° 2 se muestra que, en la fase de diseño, debemos saber y determinar nuestra Visión y Misión para nuestra empresa, debemos conocer de manera fehaciente y profunda que queremos llegar a ser con nuestra organización y establecernos una Visión, la cual nos dará el empuje y sentido que moverán nuestras acciones.

Una vez determinado esto, sabemos que es lo que queremos ser en el futuro y cuál es nuestra Misión, luego revisaremos y analizaremos los ambientes externo e interno (análisis externo y análisis interno), que son todos los factores y variables clave que afectarán positiva y negativamente a nuestra empresa, los cuales son muy importantes y debemos ser muy conscientes de ello.

Determinado todos los factores más relevantes que afecten nuestro negocio, estableceremos nuestros objetivos a largo plazo debidamente alineados para lograr nuestra Misión empresarial. Y realizado todo el proceso, como son Visión, Misión, análisis interno, análisis externo y objetivos, se podrá diseñar y seleccionar las mejores estrategias para lograr los mejores resultados.

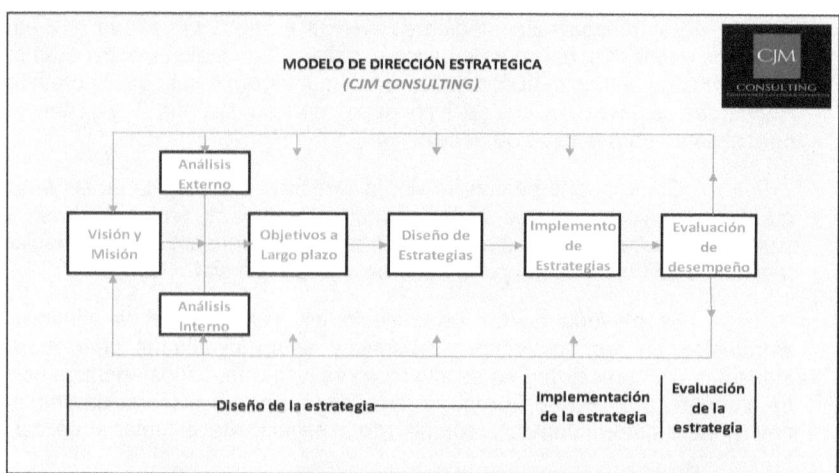

Figura N°2: Modelo de Dirección Estratégica CJM Consulting para mipymes
Fuente: Adaptación tomada de J.L. Bazán Briceño. Administración Estratégica, 2016

La segunda etapa, la implementación de la estrategia, es en donde tenemos que llevar a la acción todo el plan diseñado para lograr nuestro propósito, en esta fase tenemos que tener en cuenta las herramientas que nos permitirán hacer una ejecución efectiva y disminuir los riesgos de no ejecutar lo planeado.

Y finalmente tenemos, como última etapa, la evaluación de la estrategia, en la que mencionaremos algunas herramientas muy importantes, que nos permitirá hacer acciones correctivas, ajustar, planear y ejecutar nuevamente. Con esta fase se cumple un proceso de circulo virtuoso dinámico y retroalimentario al que denomino *círculo de crecimiento empresarial*, el cuál debe ejecutarse continuamente, como un bucle o engrane de crecimiento continuo.

Las etapas, las desarrollaremos en los siguientes capítulos, tratando de ser lo más claros, sencillos y precisos.

I.2.1 Pirámide de alineamiento estratégico

En este caso en particular, cuando hablamos de estructura, nos estamos refiriendo a la estructura interna de la organización, que comprende, recursos financieros, personas, materiales, equipos, herramientas, procesos, productos, servicios, etc.; es todo el potencial que posee el negocio. En este sentido, es muy importante, que seamos conscientes, cuando hacemos Dirección Estratégica, que la estructura de nuestro negocio, debe alinearse adecuadamente a el diseño de nuestra estrategia; es decir, debe subyugarse a lo que se necesita hacer, especificado en nuestra estrategia para lograr los objetivos planteados en la misma. A su vez, la estrategia debe alinearse a la gestión, que es la que mide e ira evaluando como vamos avanzando en el camino de la acción, es decir que nuestra estrategia debe someterse a las evaluaciones de la gestión y esta a su vez debe alinearse al liderazgo, que es lo que se busca, es lo que nos orienta hacer lo que debemos hacer para lograr nuestros resultados. En esencia, ejecutaremos el proceso de Dirección Estratégica, de una manera correcta cuando alineamos debidamente nuestra estructura a nuestra estrategia, nuestra estrategia a la gestión y ésta al liderazgo; solo así lograremos resultados superiores, como se muestra en la figura No3. Eso es un alineamiento estratégico correcto.

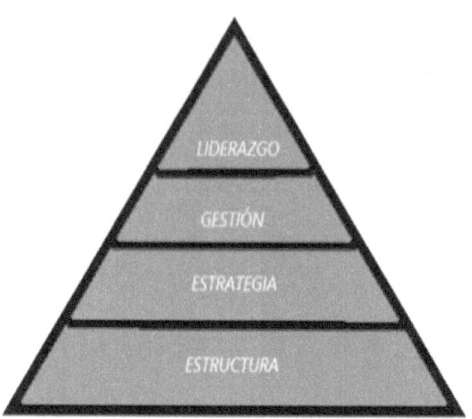

Figura Nº3: Pirámide de alineamiento estratégico

I.3 IMPLICANCIAS PARA EMPRENDEDORES, GERENTES Y EJECUTIVOS.

Seamos emprendedores, ejecutivos o directivos, comandando una organización o equipo, nos debe quedar bien en claro la importancia y la valía que tienen el *pensamiento estratégico* para lograr el éxito de nuestros emprendimientos o nuestros resultados como estrategas y líderes empresariales. Todo emprendedor o ejecutivo que se precie de tener nivel profesional y éxito, debe tener inscrito en su ADN el concepto y la aplicación del *pensamiento estratégico*.

El proceso de *pensamiento estratégico* es sumamente vital e importante porque nos permite dirigir y liderar evitando el *estado de supervivencia* en la que viven la mayoría de MIPYMES (que les impide crecer y desarrollar quedándose en esos estados insalubres y estancado) y potenciando un *estado de crecimiento* que es la condición principal para que una empresa pueda lograr el éxito y desarrollo con resultados sobresalientes que les permita seguir desarrollando como un engrane. Jugamos para ganar (a ganador) y no para no perder (a perdedor).

Generar un *estado de crecimiento* en nuestro negocio, a través del proceso de pensamiento estratégico, con una Visión, Misión, objetivos, estrategias y acciones bien elaborados, permite desplazar a nuestra organización o equipo como un sistema o unidad debidamente cohesionado, estructurado y en armonía para lograr resultados superiores. Sabemos a dónde vamos, qué vamos a hacer, cuál es nuestro propósito y cuál es nuestra razón de ser. Funcionamos como un engrane sistémico de crecimiento.

Entonces, tenemos que la base del proceso de *Dirección Estratégica*, que como emprendedores y ejecutivos debemos comprender, es el *pensamiento estratégico* por el cuál diseñamos, implementamos y evaluamos estrategias para lograr resultados superiores y llevar a nuestro negocio de camino al éxito. Esto es *el emprendimiento profesional*.

Por lo tanto, *Dirección Estratégica*, *pensamiento estratégico* y *estado de crecimiento empresarial* deben estar grabados en la mente y acciones de todo emprendedor o ejecutivo que pretenda ser altamente competitivo y de grandes logros. No tener presente esto, lo cual no es una opción, los llevará por el camino de la mediocridad y el fracaso ineludible, tarde o temprano.

Una organización sin sentido de dirección
y sin una estrategia coherente precipita su desaparición.
Fred R. David

CAPITULO II

DISEÑO DE LA ESTRATEGIA

Tienes que pensar en las cosas grandes
mientras haces cosas pequeñas,
para que las cosas pequeñas
vayan en la dirección correcta.
Alvin Toffler

Como mencionamos anteriormente, para diseñar nuestras estrategias debemos conocer previamente qué queremos llegar a ser en el futuro (Visión), ello nos permitirá definir luego una Misión para lograr nuestro propósito. Una vez que sabemos lo que queremos y conocemos nuestra Misión o propósito, podemos realizar un análisis situacional(diagnóstico) del ambiente externo e interno, desde una perspectiva en donde ya sabemos a dónde queremos llegar y cuál será nuestro objetivo. Ojo que nuestro diagnóstico está orientado en base a lo que queremos llegar a ser y que es lo que nos mueve para lograrlo.

Existen autores que proponen que primero se debe realizar el diagnóstico situacional y luego ir por el diseño de nuestra Misión y Visión, eso es guiarse por la estructura externa que nos condiciona deterministicamente y no impulsa el pensamiento creativo del emprendedor. A mi modesto modo de entender, realizar un diagnóstico situacional sin comprender lo que queremos llegar a ser y nuestra motivación para lograrlo, hará que el diagnóstico sea un tanto vago y disperso; ya que, como aún no conocemos nuestros Visión ni Misión empresarial, no estaríamos incluyendo las variables o factores que interesan o impacten a nuestra Visión y propósito; por el contrario, determinando estos podremos realizar un diagnóstico que incluya los factores que nos interesan y que puedan afectar nuestro ámbito de desarrollo.

La ventaja de esta estructuración, en la fase de diseño, es que podemos hacer ajustes hacia atrás, de acuerdo con la realidad que se nos presenta en el análisis situacional. Por ejemplo, en el diagnóstico situacional podemos descubrir que la Visión planteada es muy irreal e inalcanzable a la situación actual de la empresa, entonces podemos realizar cambios un tanto más realistas, sin perder el norte o dirección.

Luego nos plantearemos los objetivos a largo plazo determinados de forma coherente con nuestra Visión compartida por todo el equipo, para finalmente diseñar y seleccionar las estrategias más adecuadas para nuestro negocio.

En la figura Nº 4, podemos ver la fase resaltado en amarillo que corresponde a la Visión y Misión -diseño de la estrategia- de nuestro modelo de proceso de *Dirección Estratégica* CJM Consulting.

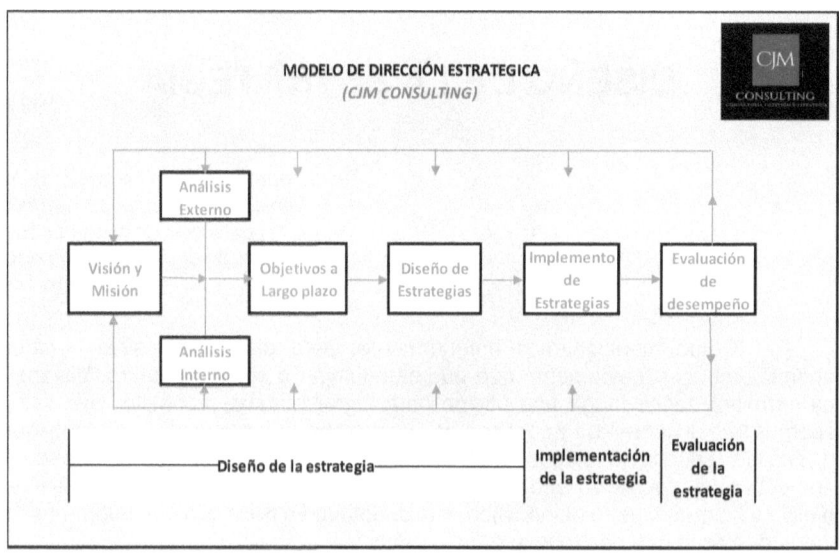

Figura Nº4: Modelo de Dirección Estratégica CJM Consulting para mipymes (Diseño Visión y Misión)
Fuente: Adaptación tomada de J.L. Bazán Briceño. Administración Estratégica, 2016.

II.1 VISIÓN, MISIÓN, VALORES Y PRINCIPIOS

II.1.1 VISIÓN

La Visión de nuestro negocio debe responder a la pregunta: ¿Qué queremos ser en el futuro?, la respuesta a esta pregunta nos va a ayudar a determinar la dirección a la cual nos embarcamos. Es el punto de partida saber hacia dónde nos dirigimos y que es lo que queremos llegar a ser. Esta Visión empresarial debe ser compartida y comprendida completamente por todos y cada uno de los miembros del equipo o personal de nuestro negocio, así como también debe ser participativa a la hora de su elaboración.

De esta manera, se tendrá una sola dirección hacia dónde guiarnos, en otras palabras, sabemos a dónde nos dirigimos y todos debemos apuntar por ese camino. Como mencionábamos, sabiendo hacía donde nos dirigimos, debemos saber cómo lo vamos a conseguir, a través de nuestro propósito; es decir, vamos a determinar la Misión de nuestro negocio. En el caso de que ya tuviéramos el negocio operando y nuestra misión ya estuviera diseñada, debemos revisar o reestructurar, de tal forma, que alineamos nuestro propósito hacía lo que queremos llegar a ser.

La elaboración de nuestra Visión debe ser breve, comprensible, comprometedora, motivante y de fácil recordación para todos, debe instalarse en la mente de todo el equipo de trabajo, grabarse en su subconsciente si es posible, ya que ello formará parte de todo cuanto se realice en nuestra organización, moverá nuestras acciones hacía nuestro objetivo, motivará el esfuerzo diario y el equipo se sentirá orgulloso por lo que hace.

Por lo general, el plazo de una Visión debería ser de entre 3 a 5 años, de acuerdo a la realidad y propósito de cada negocio o emprendimiento, con la opción de revisarse periódicamente.

Algunos ejemplos de Visión empresarial:

- √ "Permanecer como la marca más auténtica, conectada y distintiva". NIKE.
- √ "Ser el motor de búsqueda más importante del mundo". GOOGLE.
- √ "Ser líderes en innovación y diseño que ayudan a los atletas de todos los niveles de habilidad a lograr el máximo rendimiento con cada producto que traemos al mercado". ADIDAS.
- √ "Ir hacia un crecimiento rentable y mejorar para servir comida deliciosa a más clientes, cada día y en todo el mundo". MCDONAL'S.
- √ "Ser la primera marca consultora en gestión estratégica empresarial con productos y servicios basados en lo mejor conocimiento aplicado que brinde soluciones de alto valor de rendimiento para las mipymes que lo requieran". CJM Consulting.

Como podemos observar, en los ejemplos se presentan declaraciones de visión que son sencillas y comprensibles por el todo equipo, pero a la vez, motivantes y poderosas que pueden calar fácilmente en la mente del equipo de trabajo; la idea de ello es que el personal sea consciente, de manera permanente, hacía donde avanzamos como equipo u organización.

II.1.2 MISIÓN.

La Misión de nuestro negocio debe diseñarse a partir de nuestra Visión compartida, ya que debe haber coherencia con lo que queremos lograr; es decir, nuestra Misión nunca debe apartarse de nuestro futuro deseado, de lo que queremos llegar a ser, la Visión debe de darle sentido a nuestra Misión empresarial; que debe responder a preguntas como: ¿Para qué existimos?, ¿Por qué estamos aquí? O ¿Cuál es nuestro negocio?

Al igual que la Visión debe ser elaborada participativamente, entendida y comprendida por todo el equipo y/o personal de nuestro negocio. Una Misión empresarial bien diseñada tiene que ser poderosa, dará a nuestro emprendimiento motivo, propósito, orgullo y razón de ser; al igual que la Visión moverá a todo nuestro personal en todos los niveles. Entenderla ayudará a comprender porque haces lo que haces y para quien lo haces (cliente).

La Misión debe ser redactada de manera sencilla y comprensible, mostrando cuál es nuestro propósito como empresa y el valor que generamos. Al igual que la Visión debe estar impregnado en el subconsciente de todo nuestro equipo, de lo contrario cualquier actividad que hagamos no tendrá sentido, motivación, propósito ni el empuje necesario para lograr nuestros objetivos y estaremos tentados a caer nuevamente en el *estado de supervivencia empresarial*, lo cual es muy nocivo.

La elaboración de la Misión empresarial es fundamental para nuestro éxito, es el puente necesario entre lo que hacemos hoy y lo que queremos llegar a ser (Visión compartida). Una organización sin Misión es una empresa muerta en vida, un zombi andante que camina a la deriva solo movido por la inercia de sus necesidades inmediatas.

Algunos buenos ejemplos de Misión empresarial:

- √ "Llevar inspiración e innovación a cada atleta del mundo". NIKE.
- √ "Organizar la información del mundo para que sea útil y accesible". GOOGLE.
- √ "Liderar la industria de artículos deportivos con marcas basadas en la pasión por el deporte y el estilo de vida deportivo". ADIDAS.
- √ "Proveer un ambiente divertido y seguro donde los clientes disfruten de buena comida con ingredientes de calidad y a precios accesibles". MCDONALD'S.
- √ "Contribuir en el crecimiento y desarrollo sostenible de nuestras mipymes que lo requieran con productos y servicios de alto valor innovador utilizando lo mejor del conocimiento aplicado en gestión y estrategia empresarial". CJM Consulting.

Como hemos podido observar, ejemplos de Misión empresarial bien elaborados cumplen con ser sencillos, comprensibles y motivadores que pueden calar muy bien en la mente de su personal, lo cual es muy valioso e importante ya que nos da la guía principal y propósito de lo que se hace en la organización o equipo que dirigimos.

II.1.3 VALORES Y PRINICPIOS

Tanto los valores como los principios en general, parten de principios filosóficos, doctrinarios, éticos y morales, que rigen la vida y el orden del ser humano, su comportamiento, su desarrollo, su naturaleza, tanto en el sentido individual como en el sentido colectivo. Son fundamentales para la supervivencia, el crecimiento y desarrollo del hombre en comunidad. La diferencia fundamental, que debemos tener en cuenta entre los principios y valores, es que, los principios son más trascendentales, es decir trascienden a través del tiempo, son más universales; en cambio, los valores pueden ser más individuales y personales, van determinados más por la valoración subjetiva de cada persona. Por principios podemos entender el respeto a la vida, el respeto al planeta, el respeto a los animales, la honestidad, el sentido de la justicia y la equidad, etc.; entre los valores podríamos citar la lealtad, la puntualidad, la responsabilidad, la integridad, etc. Por poner un ejemplo, un delincuente puede tener valores y no principios, no tiene principios porque no respeta la vida del ser humano, el respeto por la vida de otro ser humano es un principio trascendental; en cambio, puede tener valores como el de la lealtad de no delatar a sus cómplices; la lealtad es un valor, medido individualmente por el delincuente.

Alguna vez, en una reunión de trabajo en una universidad, donde estábamos formando comités para establecer planes estratégicos, nos encontramos en la elaboración y el debate de los valores que se deben incluir para la universidad. En esta reunión había una propuesta de incluir como valor a la productividad, a lo que el decano de una facultad, excongresista y periodista famoso de un medio de comunicación conocido en mi país, levanto la mano e intervino diciendo con admiración, que cómo se va a poner la productividad como un valor, ya que la productividad no es un valor, según lo entendía él. Para no generar confusiones en el auditorio, pude intervenir, debido a que, nuestro colega excongresista, estaba confundiendo los términos, indicándole que lo que estamos evaluando como valores para la universidad son valores corporativos, algunos le llaman valores organizacionales; para nuestro caso yo prefiero llamarlos valores empresariales, que no necesariamente tienen que ver con los valores éticos comúnmente conocidos, con lo que quedó aclarado el tema en esa confusión. Con esta experiencia debemos aprender que, no debemos confundir valores éticos universales con valores empresariales. Los valores empresariales pueden tener valores éticos universales, por supuesto que sí, pero no solo ello, también podemos incluir otros valores relacionados con el negocio como eficiencia, eficacia, rentabilidad o productividad por poner algunos ejemplos. Al incluirlos como nuestra base o guía, que orientara nuestras acciones en la empresa, se convertirán en valores empresariales, lo cual es totalmente válido.

Ahora, lo valores empresariales que consideremos deben ser pocos, pero contundentes, claros y específicos. Por ejemplo, en CJM Consulting, tenemos como valores empresariales la eficacia y la eficiencia, como parte de los valores empresariales fundamentales que guían las acciones de lo que hacemos, debido a nuestra orientación hacía el cliente y el mercado; así como también, hacia el mejor manejo de nuestros procesos y recursos para brindar el mejor servicio para nuestros clientes y no clientes.

II.2 ANÁLISIS EXTERNO.

Una vez que ya sabemos lo que queremos ser en el futuro y conocemos nuestro propósito, es necesario hacer un análisis externo, éste se refiere a todos los elementos que escapan al control de nuestro negocio, a lo que no podemos controlar y no dependen de nuestras decisiones. En otras palabras, no tenemos control de estos factores externos, pero tenemos que tenerlos en cuenta para saber cómo nos pueden afectar.

En la figura Nº 5, podemos ver la etapa resaltada en amarillo que corresponde al Análisis Externo -diseño de la estrategia- de nuestro modelo de proceso de *Dirección Estratégica* CJM Consulting.

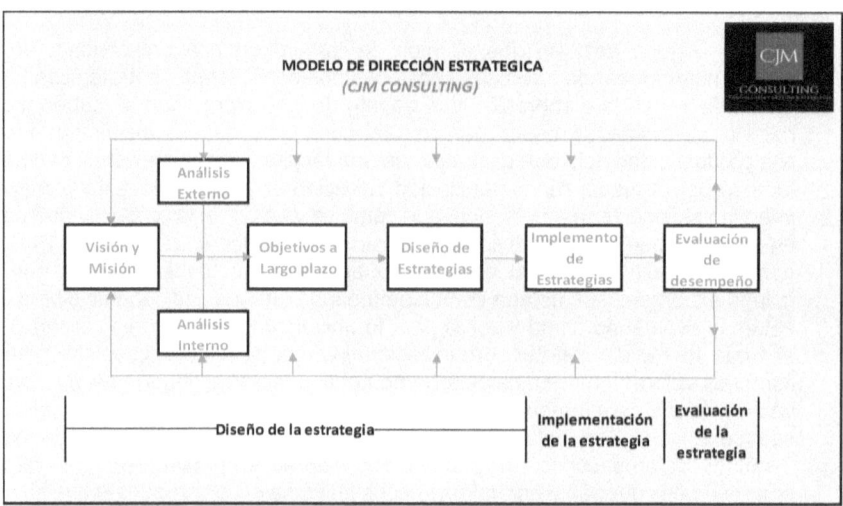

Figura Nº5: Modelo de Dirección Estratégica CJM Consulting para mipymes (Análisis Externo)
Fuente: Adaptación tomada de J.L. Bazán Briceño. Administración Estratégica, 2016

Este paquete de variables y factores es imprescindible tenerlos en cuenta, ya que de manera directa e indirecta pueden afectar el crecimiento y desarrollo de nuestro negocio; son fundamentalmente muy importantes, al punto que empresas o industrias que no los tomen en cuenta tienen un alto riesgo caer en crisis, recesión y hasta quebrar, en el peor de los casos.

Para una mejor evaluación de este ambiente, debemos diferenciar entre un macroambiente y un microambiente en el cual está inmersa nuestra organización:

II.2.1 Macroambiente

En el macroambiente se encuentran las variables que se deben tener en cuenta a nivel externo, que operan en un ambiente amplio y global, y que puedan afectar nuestro negocio; entre los principales factores que debemos considerar y analizar son:

- √ **Factores económicos.** Son los factores que tienen que ver con la actividad e interacción económica y todo lo relacionado a ello que pueda afectar a nuestro negocio, que puede ser a nivel regional, nacional o global. Son factores de este tipo el crecimiento económico, el modelo económico del país, tasa de interés, tasa de inflación, políticas monetarias, políticas fiscales, PBI, el despegue económico de China, la guerra comercial entre EEUU y China, etc.
- √ **Factores sociales, culturales, demográficos y ambientales.** Corresponden variables relacionadas a la población, sus relaciones, comportamientos y el medio ambiente que afecten nuestro negocio, como podrían ser la tasa de natalidad, número de defunciones, crecimiento poblacional, hábitos de compra, tendencias de la moda, migraciones, calentamiento global, crecimiento de las energías limpias, pandemia, niveles de analfabetismo, niveles de salud, el niño global, etc.
- √ **Factores políticos y legales.** Comprenden aspectos de la coyuntura política, normas, reglamentos institucionales y cuestiones legales que pueden ser regionales, nacionales y globales por parte de los gobiernos, entes reguladores u organismos internacionales; como por ejemplo un cambio de gobierno, crisis política, leyes arancelarias, leyes antimonopolio, regulación de la propiedad intelectual, decisiones de la Organización Mundial de la Salud (OMS), la guerra de Rusia y Ucrania, el conflicto de Israel con Hamas, etc.
- √ **Factores tecnológicos.** Corresponden a los avances alcanzados de la tecnología y que afecten nuestro negocio, como pueden ser la inteligencia artificial, crecimiento del Ecomerce, el desarrollo de aplicativos, la tecnología 5G, los vehículos autónomos, el trabajo remoto, la automatización, etc.

Todos estos factores pueden afectar directa o indirectamente nuestro emprendimiento y su impacto también puede depender del contexto y el tipo de negocio que tengamos; por ejemplo, si tenemos una empresa de venta de paneles solares, nos afectará más el crecimiento de las energías limpias y sus regulaciones; si tenemos una empresa de tecnología nos interesará más tener información sobre el Ecomerce, la inteligencia artificial o el desarrollo del 5G. El impacto y la importancia varía según el tipo de negocio y la industria.

A continuación, en el cuadro Nº 1, se presenta un ejemplo de análisis del macroentorno siguiendo el cuadro de modelo PESTEL (acrónimo de políticos, económicos, sociales, tecnológicos, ecológicos y legales), que se utiliza para plasmar la relación, tendencia y efectos sobre nuestro negocio de cada una de las variables que lo puedan afectar. El análisis es de una pequeña empresa dedicada a la venta y repartición de comida:

Factor/Tendencia	Cambios en relación a grupos de interés	Efecto probable	Calificación
Factores políticos			
Cambio de gobierno frente a dos posibilidades políticas que la mayoría de población rechaza	Lentitud, sosobra y desconfianza por parte de las empresas en cuanto a impulsar su crecimiento por el grado de incertidumbre generado en los póxmos meses	Posible caida de la demanda, el consumo y quiebre de muchas empresas por la paralización crisis que podría generarse en el país	Amenaza
Factores económicos			
Caida de PBI en -12.5% a diciembre de 2020	Cierre de negocios y despidos por falta de producción y estimulación del consumo	Posible perdida de cliente vulnerables debido a su falta de solidez para resistir la caida de la producción y la cadena de pagos en la industria	Amenaza
Factores sociales			
Emergencia sanitaria por la pandemia del covid19	Restricciones en los horarios laborales de 9 pm a 4 am, usos de mascarillas, reducciones de aforos	Disminución en los ingresos y quiebre de negocios por la pérdida de clientes producto de las restricciones	Amenanza
Factores tecnológicos			
Alto nivel de conectividad virtual. Atención debido a la coyuntura del aprovechamiento de la información virtual y el evitar el contacto físico	Incremento en la utilización de plataformas virtuales, trabajo remoto, redes sociales, videollamdas, webinars, conferencias vistuales, etc	Mayor demanda de las empresas y clientes por los productos y servicios a través de canales virtuales (on line)	Oportunidad
Factores ecológicos			
Sensibilización de la población frente a los impactos de contaminación que estan ocasionando las empresas y países en el mundo.	Mayor preferencia por los productos orgánicos y ecologicos que demuestren expresamente que no son contaminantes.	Inclinación de los clientes a solicitar y utilizar de productos digitales que no requieran de reproducirlos físicamente y/o que sean amigables con el medio ambiente	Oportunidad
Factores legales			
Disposición legislativa del congreso de la liberación de los fondos de AFP (Administradoras de Fondos de Pensión) en máximo 4 uits.	Incremento en el consumo e inversión por parte de las personas beneficiadas con la liberación.	Posibilidades de nacimiento de nuevas micro y pequeñas empresas con diversas necesidades de servicios e incremento del consumo de los clientes.	Oportunidad

Cuadro Nº 1: Ejemplo de aplicación método PESTEL para una pequeña empresa de venta de comida.
Fuente: Adaptación tomada de J.L. Bazán Briceño. Administración Estratégica, 2016

Como podemos observar en el cuadro Nº 1, se muestran algunos factores utilizando el método PESTEL, como se podrá ver, solo hemos puesto un factor por cada variable en este caso. Para el análisis de cada negocio se pueden colocar más, según tengan la relevancia necesaria para considerarlos y evaluarlos como factores importantes que afecten a nuestro negocio.

Podemos ver en el cuadro que el análisis nos has dado como resultado tres amenazas y tres oportunidades; amenazas políticas, económicas y sociales por un lado y oportunidades tecnológicas, ecológicas y legales por el otro.

En la columna factor/tendencia se coloca la variable o tendencia que consideremos puede afectar a nuestro negocio de acuerdo a nuestro análisis. En la columna cambios en relación a grupos de interés colocamos que grupos pueden verse afectados: clientes, proveedores, personal, comunidad, etc. En la columna efecto probable colocaremos la descripción de cómo podría afectar la variable en relación con nuestro negocio (puede ser directa o indirectamente).

Y finalmente en la última columna colocaremos si corresponde ser una oportunidad o una amenaza para nuestra empresa.

Entenderemos por oportunidades aquellos factores que son beneficiosos y deben aprovecharse para nuestro negocio y las amenazas como aquellos que son dañinos o nocivos, los cuales debemos evitar o evadir en la medida de lo posible.

II.2.2 Microambiente.

El microambiente está constituido por variables o factores más inmediatos y/o directamente relacionados con nuestra empresa como por ejemplo clientes, proveedores, distribuidores, competidores, asociaciones, etc. En este análisis tenemos que tener en cuenta un modelo muy utilizado para medir los factores más importantes que afectan a nuestra empresa denominado las 5 fuerzas competitivas de Porter (Porter, 1997), las cuáles son:

1. **Rivalidad entre competidores**. Hay que tener en cuenta que, a mayor rivalidad, las ganancias de la industria disminuyen, entonces el sector se vuelve menos atractivo. Es como cuando la torta tiene que repartirse en tajadas más pequeñas y numerosas, de tal manera que las porciones serán más pequeñas de recibir a cada invitado. Este enfoque se aplica para estrategias netamente competitivas, al igual que la mayoría de las fuerzas planteadas por Porter, más adelante veremos otras formas de ver el mercado.
2. **Potencial ingreso de nuevos competidores**. Si el potencial es alto nos indicará que, a mayor facilidad de entrada de nuevos competidores, mayor será la intensidad de la competencia, incrementándose la rivalidad y la disminución en las ganancias del negocio. El mercado se vuelve menos atractivo, todos emprenden haciendo lo mismo y de la misma manera.
3. **Potencial desarrollo de nuevos productos**. Cuando exista una mayor facilidad de entrada de productos sustitutos, más encarnizada será la competencia comprometiendo nuestras ganancias.

4. **Capacidad de negociación de los proveedores**. A menor número de proveedores mejor será su posición para negociar precios a su favor. La intensidad de la competencia aumentará cuando existen pocas materias primas sustitutas o el costo de cambiar una materia prima por otra sea muy alto. Por lo tanto, una posición conveniente para nuestro negocio es que mientras más proveedores tengamos mejor, ya que su capacidad de negociación disminuye.
5. **Capacidad de negociación de los clientes**. Cuando los clientes son pocos, su capacidad de fuerza negociadora aumenta, elevando la intensidad de la competencia en la industria y atentando contra los costos y los precios. A mayor capacidad de negoción del cliente, mayor es la competencia.

Este análisis es muy importante y tiene mucho que ver con la industria en la cual se encuentra nuestro negocio, la cual siempre debemos tener en cuenta de forma continua, ya que si nuestra industria crece es atractiva y se generan oportunidades que debemos aprovechar; en caso contrario podríamos estar expuestos a amenazas y debemos tomar las precauciones estratégicas respectivas para salir lo menos afectados posible. Este es un enfoque competitivo, en donde vemos a la industria como una estructura fija que impone sus condiciones, sirve y efectivo para determinados momentos y de acuerdo con la inclinación estratégica de la empresa.

A continuación, se presenta un ejemplo siguiendo con el caso de la pequeña empresa dedicada a la venta y repartición de comida:

Fuerza	Descripción e impacto en el negocio	Justificación	Calificación
Rivalidad entre competidores	Alta oferta de negocios de comida por delivery	Debido al cambio de costumbres de los consumidores de quedarse en casa por el temor al covid19	Amenaza
Ingreso de nuevos competidores	Fácil entrada de nuevos negocios de delivery y comida rápida	Bajas barreras de entrada debido a que no requiere cantidades enormes de inversión en capital y el mercado invita a la participación en estos tipos de negocio.	Amenaza
Ingresos de nuevos productos	Potencial crecimiento del mercado de comida alternativa saludable	El crecimiento del mercado de comida saluble esta tomando interes debido a la concientización de la gente por la salud debido a la amenaza de la pandemia.	Amenaza
Capacidad de negoción de los proveedores	Se tiene muchos proveedores	El mercado de proveedores se encuentra en crecimiento, y por lo tanto se encuentra muy bien equilibrado entre competidores	Oportunidad
Capacidad de negoción de los clientes	Existen diversos canales de delivery y entrega a domicilio	El cliente puede tener muchas ofertas y alternativas de elección cuando se encuentre en el mercado, tanto de manera física como virtual mejorando su capacidad de negcociación	Amenaza

Cuadro Nº 2: Ejemplo de aplicación método de la fuerza competitivas de Porter para una pequeña empresa de venta de comida
Fuente: Adaptación tomada de J.L. Bazán Briceño. Administración Estratégica, 2016

Tanto los factores externos del macroambiente, como los externos del microambiente se van a convertir en oportunidades o amenazas para nuestra empresa, de las cuáles tendremos que evaluar y considerar las de mayor impacto y relevancia para la elaboración de nuestras estrategias, debemos poseer un muy buen juicio intuitivo y un profundo conocimiento de nuestro negocio para una buena evaluación y selección.

II.2.3 Matriz de evaluación de factores externos (EFE)

La matriz EFE es una herramienta que nos va a ayudar a resumir los factores más importantes, tanto del macroambiente como del microambiente; es decir, los factores económicos, sociales, culturales, demográficos, ambientales, legales y los de las 5 fuerzas competitivas. Su elaboración se realizará de la siguiente manera (David, 2008):

1. Tomamos las variables más relevantes de factores del macro y microambiente que hemos analizado anteriormente y elaboramos una lista

factores externos, usaremos nuestro buen juicio y conocimiento del negocio para hacer la mejor selección. Se puede considerar, sin ser obligatorio, de acuerdo al tamaño de la empresa, de 7 a 10 factores entre fortalezas y debilidades más importantes, siendo lo más precisos posible.
2. A cada factor le asignaremos una puntuación desde 0.0 (irrelevante) hasta 1.0 (muy importante), siendo 0.0 el factor de menor importancia relativa sobre el éxito o desempeño en la industria de la empresa y 1.0 el de mayor impacto o relevancia relativa sobre la empresa. La suma de todos los factores, sean fortalezas o debilidades, debe ser igual a 1.0. Estas puntuaciones se basan en la industria
3. Le asignamos a cada factor una clasificación de 1 a 4 que indicará que tan eficaces son las estrategias actuales a cada factor, donde 1 = respuesta deficiente, 2 = la respuesta es promedio, 3 = respuesta mayor al promedio y 4 = respuesta superior. La clasificación se basa en las estrategias de la empresa y tanto las amenazas como las oportunidades pueden recibir cualquier clasificación de 1 a 4.
4. Multiplique el puntaje de cada factor por cada una de sus clasificaciones respectivas que darán como resultado un puntaje ponderado para cada factor externo clave.
5. Sume los puntajes ponderado de cada factor externo para obtener un puntaje total ponderado de toda la empresa.

Lo puntajes ponderados totales por debajo de 2.5 se consideran negocios que no están aprovechando correctamente las oportunidades externas ni tampoco evitando eficazmente las amenazas del entorno y un puntaje por encima de 2.5 caracterizan a negocios que responden bien a las oportunidades y amenazas de la industria.

A continuación, se presenta un ejemplo para la pequeña empresa de venta de comida.

NO	FACTORES EXTERNOS CLAVE	PUNTAJE RELATIVO	CLASIFICACIÓN	PUNTUACIONES PONDERADAS
Oportunidades				
1	Alto nivel de conectividad virtual. Atención debido a la coyuntura del aprovechamiento de la información de virtual y el evitar el contacto físico.	0.20	3	0.60
2	Sensibilización de la población frente a los impactos de contaminación que estan ocasionando las empresas y países en el mundo.	0.05	1	0.05
3	Disposición legislativa del congreso de la liberación de los fondos de AFP en máximo 4 uits.	0.05	1	0.05
4	Se tiene muchos proveedores	0.11	3	0.33
5	Existen diversos canales de delivery y entrega a domicilio	0.21	3	0.63
Amenazas				
6	Cambio de gobierno frente a dos posibilidades que la mayoría de población rechaza.	0.05	1	0.05
7	Caida de PBI en -12.5% a diciembre de 2020	0.05	1	0.05
8	Emergencia sanitaria por la pandemia del covid19.	0.06	1	0.06
9	Alta oferta de negocios de comida por delivery	0.07	2	0.14
10	Fácil entrada de nuevos negocios de delivery y comida rápida	0.08	2	0.16
11	Potencial crecimiento del mercado de comida alternativa saludable	0.07	2	0.14
	Total	1.00		2.26

Cuadro Nº 3: Ejemplo de aplicación matriz de evaluación de factores externos (EFE) para una pequeña empresa de comida de comida.
Fuente: Adaptación tomada de Fred R. David. Conceptos de Administración Estratégica, 2008.

Como podemos observar en el cuadro Nº 3, el resultado del promedio ponderado de la evaluación da 2.26, por debajo del 2.5, lo que nos indica que el negocio no está aprovechando sus oportunidades y evitando las amenazas que se le presentan.

En el cuadro vemos, que el factor externo clave con mayor puntuación ponderada de 0.63 es la oportunidad número 5 que dice que "existen canales diversos de delivery y entregas a domicilio", lo cual indica que esta oportunidad es de las más importantes y se deben aprovechar lo mayormente posible, ya que el negocio de comida se centra principalmente en el reparto a domicilio; por lo tanto, en el diseño de las estrategias se debe tomar en cuenta en gran medida este factor.

Luego tenemos la puntuación ponderada de 0.60 en segundo lugar en la oportunidad número 1 que muestra el aumento en el nivel de conectividad por parte de los usuarios y esta debería ser una oportunidad más que no debe ser desaprovechada a la hora de elaborar nuestras estrategias, esto refiere una gran tendencia que se mantendrá por largo tiempo, acelerada por los efectos de la pandemia.

Por el lado de las debilidades, tenemos el factor asignado con el número 10 con la mayor puntuación ponderada de 0.16, lo cual nos indica que es la amenaza potencial más importante a tener en cuenta, que es la fácil entrada de nuevos negocios que enfrentara nuestra pequeña empresa de reparto de comida para tenerlas en cuenta en la elaboración de estrategias.

Luego le siguen en orden de prioridad, las amenazas 9 y 11 con puntaje de 0.14 cada una, que advierte de la elevada competencia de negocios en el mismo rubro y el crecimiento de la demanda por comida alternativa saludable, que se deben de tener en cuenta.

Es importante recordar que para los demás factores clave con menor puntuaciones ponderadas, se deben tener en cuenta el orden de prioridad y el resultado que ha dado la matriz de evaluación de factores externos (EFE), de tal manera que podamos priorizar las estrategias y aplicar correctamente la *reducción de enfoque* que potencia los factores fuertes a saber aprovechar. La reducción de enfoque vendría a ser en como centrarse en lo crucialmente importante para generar mejores resultados, no nos podemos ocupar de todo a la vez. Más adelante mencionaremos más sobre ello.

II.3 ANÁLISIS INTERNO

En el proceso de análisis interno vamos a evaluar los factores clave de los cuales nuestro negocio posee mayor control y se puede aprovechar para obtener mejores resultados, ya sea utilizándolos como fortalezas o mejorándolos si son debilidades; el proceso es muy parecido al del análisis externo.

En la figura Nº 6, se puede ver la fase resaltado en amarillo que corresponde al Análisis Interno -diseño de la estrategia- de nuestro modelo de proceso de Dirección Estratégica CJM Consulting.

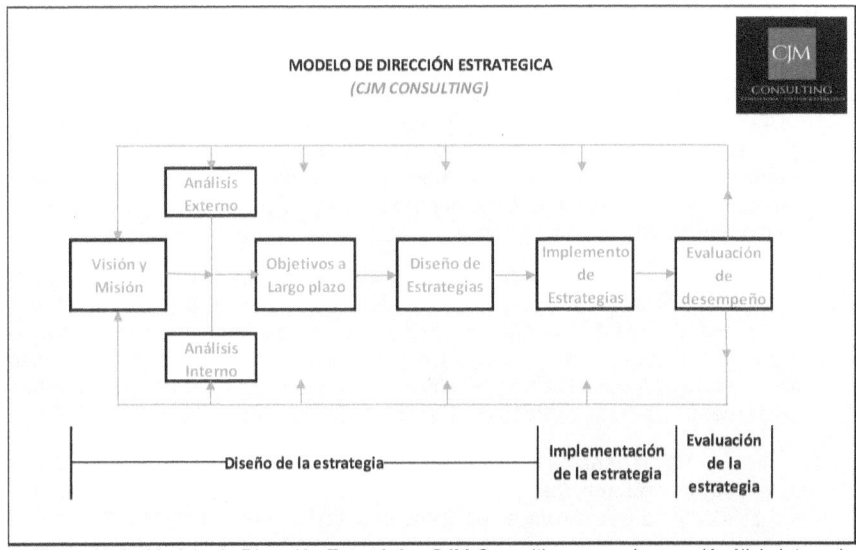

Figura N° 6: Modelo de Dirección Estratégica CJM Consulting para mipymes (Análisis Interno)
Fuente: Adaptación tomada de J.L. Bazán Briceño. Administración Estratégica, 2016

Para identificar nuestras fortalezas y debilidades clave, debido a que compete al interno de la empresa, vamos a tener en cuenta las diferentes funciones que se realizan en el negocio, tales como la administración, el marketing, finanzas y contabilidad, operaciones, producción, investigación y desarrollo, y los sistemas de información; las cuáles, por el tamaño del mismo, es muy probable, que en algunos casos, no estén desarrolladas como unidades o departamentos sino integradas funcionalmente, lo cual no quiere decir que no debemos conocerlas, ya que forman parte de toda la unidad que mueve la organización o equipo de trabajo.

II.3.1 Administración

Nuestro negocio, así sea pequeño o grande debe manejar y comprender correctamente el proceso directivo de la administración. Si es un negocio pequeño, con mayor razón todavía, ya que llevarlo de esta manera permitirá desarrollarlo de manera ordenada, coherente y con mayores probabilidades de obtener resultados sobresalientes.

Debemos revisar las etapas del proceso directivo o fases de la administración como son la planeación, organización, ejecución y control; que son básicos y fundamentales para llevar una gestión administrativa acorde con las etapas del proceso de la *Dirección Estratégica*.

II.3.1.1 Planeación

La planeación es el proceso por el cuál nuestro negocio conoce su realidad (fortalezas, debilidades, oportunidades y amenazas), identifica sus recursos, se trazan objetivos y metas; y se calcula la manera de lograrlos, minimizando los riesgos y evitando desperdiciar los recursos al no cometer las viejas prácticas comunes de la mayoría de emprendedores de aprender por ensayo y error, con costos elevadísimos y que muchas veces, en el peor de los casos, los ha llevado a la quiebra.

Irónicamente, pese a ser la planeación un principio fundamental de la administración de negocios y que toda la literatura e investigación lo menciona, la mayoría de administradores y gerentes, no logra comprenderla, sin llevarla de manera correcta a la práctica. La planeación es la base para el diseño, implementación y evaluación efectiva de las estrategias; en otras palabras, es fundamental para un proceso de *Dirección Estratégica* exitosa.

La planeación tiene la capacidad de crear la *sinergia*, en donde el todo sale a ser mucho más que la suma de sus partes, 1 + 1 ya no es igual a 2, puede ser 3, 4 o 5; es decir, rompe las leyes exactas de la matemática. Ello debido a que gracias a la planeación los equipos saben lo que quieren, saben lo que se espera de ellos y saben hacía donde se dirigen trabajando de manera conjunta y coherente en una Misión y Visión compartida que beneficia a todos.

II.3.1.2 Organización

La organización consiste en saber delegar las tareas y actividades previamente determinadas en la etapa de planeación; de tal manera que se logre que los miembros del equipo se desempeñen como una unidad debidamente cohesionada, en donde cada quién asuma su rol y responsabilidad con un compromiso asumido.

Cuando se sabe organizar bien se generan ventajas competitivas a nivel de equipo y personal, quienes se alinean y comprometen con los valores y principios de la organización, utilizarán mejor los recursos de la manera más eficiente posible y con resultados más eficaces.

Esta alineación y compromiso con los valores y principios mejora la eficacia empresarial (hacer las cosas correctas) y la eficiencia (hacerlas correctamente) de nuestra empresa. Más adelante hablaremos un poco más sobre estos dos conceptos fundamentales a tener cuenta.

Realizar una buena organización es una ventaja de la cual deben aprovecharse las MIPYMES al competir con grandes empresas o empresas muy mal organizadas, ya que las pequeñas empresas son mucho más fáciles de dirigir y organizar que las grandes empresas del mercado por su gran tamaño, les permite una buena flexibilidad y agilidad empresarial. Lo pequeño es mucho más maniobrable, hay que saber aprovecharlo.

George Silverman, asevera que muchos Davids derrotaran a muchos Goliats, con ejemplos como los de General Motors (GM), AT&T e IBM (Silverman, 2013), que han sufrido graves caídas siendo muy golpeadas por empresas pequeñas y emergentes. Por ello, el ser pequeño y/o emergente (MIPYMES), hoy en día, en la Era de la Información, no debe ser excusa para quejas y creer que no se pueda derrotar grandes empresas, tal vez competir respetablemente o crear nuestros propios mercados, dependiendo de nuestras estrategias adoptadas[7].

La función de organización se compone principalmente de las siguientes actividades: subdividir las tareas puestos (especialización), combinar puestos para crear equipos o departamentos (departamentalización), saber delegar autoridad. La subdivisión de tareas requiere la descripción y especificaciones de los puestos (David, 2008).

La especialización laboral puede generar un mejor apalancamiento de personal y generar mayor sinergia, ya que dividir las tareas en actividades especializadas y darle responsabilidad cada uno de los miembros del equipo es mucho más eficiente y productivo que otorgarle a cada uno todo el proceso de una determinada elaboración de producto o servicio.

Los miembros de los equipos poseen diversas habilidades y aptitudes que deben aprovecharse, de acuerdo con sus fortalezas, de lo contrario solo estamos ocasionando un desperdicio de recursos que nos costará tiempo y dinero; es como pedirle a un pez que trepe un árbol y a un gato que nade. Esa es la idea principal del trabajo en equipo y los llamados equipos multidisciplinarios de desarrollo, cada habilidad y aptitud posee su lugar.

Ahora, combinar puestos para crear equipos o departamentos generará una estructura organizacional, la cual estará sujeta a los cambios y modificaciones en las estrategias que se verán más adelante en el capítulo de implementación de las estrategias.[8]

El saber delegar autoridad se relaciona con una frase que prácticamente es muy interesante mencionar: "*el hacerse prescindible*". Ya que, como estrategas, que buscamos poner nuestros negocios en *modo de crecimiento y desarrollo*, es fundamental el saber delegar autoridad a tal nivel de que lleguemos a un punto, donde no haya necesidad de nuestra presencia física, para que nuestro negocio continúe y siga creciendo.

Esta habilidad o actitud mental es particularmente muy importante debido a que nos permite disponer el tiempo para dedicarnos, sea como emprendedor o empresario, a otras tareas más creativas o productivas (otros

---

[7] *Cuando hablamos de competir respetablemente, estamos haciendo énfasis a lo que estamos compartiendo en este pequeño manual, para lograr entender el emprendimiento como un proceso con pensamiento estratégico en un esquema puramente competitivo; y cuando hablamos de crear nuestros propios mercados, nos estamos refiriendo a otro enfoque con una perspectiva diferente de ver el mercado y la industria, un enfoque más creativo y no competitivo. Por ello mencionamos que cualquiera de las ópticas dependerá de la estrategia que adoptemos. Más adelante mencionaremos la otra perspectiva.*
[8] *De acuerdo con la pirámide de alineamiento estratégico que mencionamos anteriormente.*

negocios u otras marcas), en donde se pueda aprovechar mejor nuestras fortalezas o habilidades, apalancándonos del talento de otros a quienes hemos sabido delegar lo que sabe hacer, inclusive, mejor que nosotros. Desarrollar este tipo de *pensamiento estratégico* correcto genera un valor mucho más amplio y contundente como emprendedores.

Hacer lo contario, equivaldría a mantenernos en la categoría de autoempleados, tal vez auto engañándonos creyéndonos ser empresarios, en modo de *supervivencia, evitando* no perder, sin mayores expectativas de crecimiento, ya que nuestro negocio solo subsistiría con nuestra presencia limitada a nuestro tiempo, queriendo controlarlo de manera presencial.

Por ello, el saber delegar también incluye como debemos seleccionar nuestro equipo de trabajo; los cuales deben ser capaces de saber tomar decisiones, involucrarse, saber recibir poder y responsabilidades.

El tema de la organización de los recursos humanos incluye la selección, entrevistas, pruebas, orientación, capacitación, evaluación, recompensas, disciplinas, despidos y liquidaciones entre lo más importante. Más adelante comentaremos algunas cosas muy importantes a tener en cuenta para saber seleccionar correctamente a nuestro equipo de trabajo.

II.3.1.3 Ejecución

Para realizar una adecuada ejecución, es necesario poseer un liderazgo efectivo, que nos permita encauzar el comportamiento de nuestro equipo hacia lo diseñado previamente, tanto en las acciones de *planeación* como las que se han estructurado en las actividades de *organización*.

Un liderazgo efectivo posee comunicación efectiva, el cuál debe ser bidireccional, tanto de forma descendente como ascendente. La comunicación es la responsable de que se entienda adecuadamente los objetivos, las políticas y las acciones para una implementación adecuada de las estrategias.

Esto conlleva a que los verdaderos estrategas tienen que ser buenos líderes, que sepan transferir una comprensión profunda de lo que se quiere con la ejecución, posean altos niveles de empatía frente a las necesidades y preocupaciones de su personal, pregonen con el ejemplo, generen confianza y creen un ambiente altamente democrático para que el personal pueda ejecutar bien sus responsabilidades.

Tanto la experiencia empresarial como la investigación ha demostrado que el comportamiento democrático es mucho más productivo y comprometido con el cambio que el comportamiento autocrático, generando mucho mejores resultados (David, 2008).

Entonces, en esta función, es crítico que el estratega tome parte activa y ejerza el liderazgo para comprometer, motivar, influir, generar confianza e identificar al personal con los fines de la ejecución, y ponerlos a la acción para lograr los objetivos planeados. El liderazgo es fundamental para la ejecución y por ende para la implementación de las estrategias.

II.3.1.4 Control

El control consiste en cerciorarse que todas las actividades planeadas por nuestro equipo hayan sido ejecutadas a cabalidad dentro de los plazos y presupuestos establecidos. Es fundamental que los estrategas del negocio tengan la obligación de velar que todas estas actividades diseñadas para alcanzar los objetivos hayan sido cumplidas. Con la medición del desempeño y la detección de los desvíos se debe realizar correcciones para encauzar los resultados por donde necesitamos que vaya nuestro negocio.

La función de control se realiza a través de 4 fases (Moyano, 2011):

1. Establecer los estándares o indicadores de desempeño.
2. Medición del desempeño organizacional, de equipo e individual.
3. Comparación del desempeño real con los indicadores establecidos.
4. Tomar acciones correctivas.

Para establecer los estándares y la medición del desempeño existen diversos métodos para la evaluación, que no es el objetivo de este libro, el desarrollarlos a profundidad. Pero es muy importante vincular adecuadamente como política el desempeño de los equipos y la empresa con los sueldos de los gerentes y trabajadores para obtener un rendimiento superior.

En la toma de acciones correctivas no siempre tendremos el caso de que cuando no se cumplan los indicadores el problema sea a nivel de la ejecución, sino también se puede revisar todo el proceso, más aún en el caso de que la mayoría de los indicadores no se hubiesen cumplido.

En el cuadro Nº 4 se puede ver un resumen general de las 4 funciones básicas de la administración: planeación, ejecución, organización y control, en donde podemos observar el nivel de correspondencia que tiene con las etapas del proceso de dirección estratégica.

FUNCIÓN	DESCRIPCIÓN	ETAPAS DEL PROCESO DE DIRECCIÓN ESTRATÉGICA
Planeación	Incluye análisis de situación, objetivos, proyecciones, estrategias, políticas y metas.	Diseño de la estrategia
Organización	Incluye tareas y relaciones de autoridad, estructura organizacional, puestos, especialización, liderazgo, selección de personal, coordinación y comunicación	Implementación de la estrategia
Ejecución	Incluye actividades planeadas ejecutadas, liderazgo, comunicación efectiva, don de mando, compromiso, motivación, generación de confianza y comportamiento democrático.	
Control	Inlcuye resultados obtenidos acordes con lo planeado, indicadores de desempeño, acciones correctivas, recompensas y sanciones.	Evaluación de la estrategia

(ADMINISTRACIÓN Ó DIRECCIÓN ADMINISTRATIVA / DIRECCIÓN Ó ADMINISTRACIÓN ESTRATÉGICA)

Cuadro Nº 4: Funciones de la administración y las etapas del proceso de dirección estratégica
Fuente: Adaptación tomada de Fred R. David. Conceptos de Administración Estratégica, 2008

Como se podrá observar en el cuadro Nº 4 las funciones de la administración se corresponden en una especie de paralelismo directivo y/o ejecutivo con las etapas del proceso de *Dirección Estratégica*; y es que las funciones administrativas son vitales para hacer cumplir las etapas del proceso de *Dirección*.

Podríamos decir que cuando diseñamos la estrategia, estamos haciendo planeación; cuando implementamos la estrategia, estamos haciendo organización y ejecución; y cuando evaluamos la estrategia, estamos haciendo control.

II.3.2 Marketing

El marketing es el proceso por el cual se puede determinar, crear y satisfacer necesidades y deseos, comunicando y entregando valor, a través de productos y/o servicios que generen interés y nos permitan mantener una relación sostenible de largo plazo con nuestros clientes, generando beneficios para toda la organización.

Entender las funciones del marketing nos facilitará reconocer mejor las fortalezas y debilidades de nuestro negocio en esta función tan vital que jamás debemos descuidar, desde ningún punto de vista. Como dice Jeff Bezos, uno de los hombres más rico del mundo, en su filosofía Amazon: *"debemos estar genuinamente centrados en el cliente"* (Dumaine, 2020).

La filosofía Amazon respalda muy bien la idea de que el marketing debe ser una de las funciones más difíciles de delegar por parte del estratega, cuando recién estés construyendo tu negocio o tu marca y aún no lo tengas lo suficientemente estructurado y posicionado, al menos, en lo que respecta en lo más vital del marketing, que es el cliente, el marketing es muy importante como para dejarlo a cargo de los especialistas del marketing.

Presentamos las 7 funciones básicas del marketing a tener muy en cuenta (David, 2008):

II.3.2.1 Análisis de clientes

Los clientes, forman parte de la eficacia empresarial y, como mencionábamos anteriormente, centrare en el cliente es lo primero, ahí radica el valor del marketing. Analizar a los clientes consiste en saber interpretar, de la manera correcta, con elevada intuición y observación, las necesidades y deseos de nuestros clientes y no clientes.

Para lograr una interpretación correcta, lo primero que se debe hacer es sentirse y pensar como clientes, y no como proveedores de productos y servicios (Silverman, 2013).

Tradicionalmente, para lograr este objetivo se emplean diferentes métodos y técnicas como la aplicación de encuestas, focus Group, clasificando perfiles y determinando los mercados y clientes que podemos satisfacer adecuadamente. Pero, la clave es saber interpretar correctamente los deseos y necesidades de los clientes que alimentara de la mejor manera el propósito de nuestro negocio (interpretación correcta del mercado).

Inclusive, se han dado los casos que muchos de los métodos racionales contienen graves sesgos que pueden llevar a las empresas a completos desastres comerciales; por ejemplo, en el campo de las encuestas se ha descubierto que, por más instrumentos científicos o metódicos que se apliquen, como la inferencia estadística, el riesgo de respuestas sesgadas involuntariamente es alto, debido a que el 95% de la decisión del consumidor se produce por debajo del nivel de conciencia[9]; es decir, que eligen emocional e instintivamente. Es por ello, que debemos tener especial cuidado cuando pretendamos usar los métodos clásicos a la hora de conocer lo que quieren los clientes.

El monitoreo y seguimiento de las necesidades y deseos de clientes debe ser constante, de lo contrario correremos el riesgo de no atender sus necesidades y perderlos, con lo cual nuestro negocio quedaría en grave riesgo. Sin clientes no hay ventas, y sin ventas no hay negocios; por ello la importancia de la eficacia empresarial.

II.3.2.2 Venta de productos y servicios

Como mencionamos en el apartado anterior, sin ventas no hay negocio, y las ventas definitivamente corresponden al marketing, que comprende actividades como promoción, difusión, publicidad, fuerza de ventas, branding, *experiencia del cliente* y los canales de distribución.

Dependiendo de los tipos de negocio, se aplicarán diversos enfoques de estrategias de ventas centradas en unas actividades más que en otras, por ejemplo, para las empresas de bienes de consumo es más importante la publicidad y para las empresas de bienes industriales es más importante la venta personal; por lo tanto, sus estrategias de ventas se basaran de acuerdo con sus rubros y las necesidades de sus clientes.

Hoy en día, se pueden aprovechar lo canales y publicidad de internet para realizar ventas, con toda la explosión tecnológica y digital que existe, se ha logrado democratizar la publicidad y los canales de distribución; de tal manera, que ahora los costos de publicidad y distribución se han abaratado tremendamente; e inclusive en algunos casos hasta son gratis (de forma orgánica). Estas son oportunidades que todos los emprendedores emergentes, a través de sus ingenio y creatividad, deben de sacarle el máximo provecho para hacer crecer sus negocios.

En esta parte, es necesario mencionar, que lo anterior como la publicidad, la fuerza de ventas, la comunicación, el branding, entre otros; es parte de un enfoque de marketing tradicional. A esto hay que agregarle un enfoque, tal vez entendido muy limitadamente y poco practicado por la mayoría, que es el enfoque del boca a boca; y que es muy importante mencionarlo, ya que es más apropiado para MIPYMES por su bajo costo y porque puede llegar a ser explosivo en sus resultados.

De acuerdo con G. Silverman, el proceso del boca a boca es el intercambio de información de un producto o servicio entre personas independientes del productor; como esto se da entre personas independientes del productor-y esto es lo más importante, su verdadero valor-, este intercambio de información se vuelve libre de sesgos, más confiable, más completo, más

---

[9] *Véase Néstor Braidot, Neuromarketing (2009).*

relevante y por lo tanto más efectivo que la información comercial del productor[10]. He ahí donde radica el gran poder del marketing boca a boca, que es mucho más efectivo que la promoción, publicidad, fuerza de ventas y sobre todo más creativo y menos costoso, que deben aprovechar lo máximo posible las MIPYMES.

Como el lector habrá podido darse cuenta, el marketing tradicional utiliza puramente la comunicación comercial, sea publicidad, vendedores, difusión, branding, promoción, entre otros; en cambio, el marketing boca a boca se centra en la reputación que genera el producto, el cual está dado por la calidad, la facilidad, la simplicidad y la experiencia que se entrega al cliente (eficacia empresarial).

Utilizar este enfoque puede generar resultados exponenciales o hasta explosivos de fisión nuclear, lo han demostrado marcas como Toyota, Apple y Amazon, derrotando a grandes monstruos como General Motors, Microsoft y Barnes & Nobles respectivamente; siendo empresas emergentes o no muy grandes en su momento (Silverman, 2013). Los mejores se centran en la eficacia empresarial primero, utilizando herramientas como esta, excluirlas no debe ser una opción.

Otro aspecto muy importante en la venta de productos y servicios, a tener en cuenta, es la experiencia del cliente. Los estudios dicen que un cliente con una experiencia positiva, en cuanto a la experiencia y el producto, probablemente recomendará a tres personas más sobre su experiencia; mientras que un cliente con una mala experiencia hablará de ello con 11 personas. El impacto negativo del boca a boca negativo es casi 4 veces mayor que el boca a boca positivo, así que debemos tener especial cuidado en este aspecto.

Por el contrario, una respuesta extraordinaria a una mala experiencia del cliente genera un gran impacto positivo que puede revertir la experiencia e inclusive generar un boca a boca más impactante que el generado por una experiencia positiva normal (Silverman, 2013). No debemos descuidar jamás la experiencia del cliente, genera enormes ventajas competitivas.

Como decía el legendario Herb Kelleher, fundador de Southwest Airlines: *"Nosotros le decimos a nuestra gente: 'no se preocupe por las ganancias. Piensen en el servicio al cliente. Las ganancias son un producto derivado de un buen servicio al cliente. No son un fin en sí mismo"*[11].

Entonces, aplicar una correcta *experiencia del cliente* (customer experience) va a generar un boca a boca muy poderoso; es decir, la *experiencia del cliente* y el boca a boca son y deben ser compañeros de trabajo inseparables para su negocio, no puede haber boca a boca sin *experiencia del cliente*.

Para lograr un boca a boca poderoso, es necesario tener en cuenta el tipo cliente, el tipo de boca a boca a aplicar y la etapa en la fase de experiencia

---

[10] *Véase George Silverman, Los secretos del marketing boca a boca (2013).*
[11] *Véase Richard Branson, El Estilo Virgin (2017).*

del cliente en la que se encuentra; pero ello ya sería de profundizar en este campo y ameritaría, tal vez, otro tratado con objetivos distintos. Sin embargo, hasta acá, debe quedarle claro la necesidad y el valor de utilizar, tanto el boca a boca como la experiencia del cliente, para lograr resultados superiores.

II.3.2.3 Planeación de productos y servicios

La planeación de productos y servicios incluye actividades como el marketing de prueba, posicionamiento de marca y producto, empaque, diseño y calidad del producto, eliminación de productos desfasados y atención al cliente.

Una empresa que está buscando desarrollo de productos o diversificación se centrara especialmente en la planeación de productos y servicios para desarrollar su estrategia.

Como emprendedores emergentes, es necesario prestar especial cuidado a la actividad de marketing de prueba, dado que nuestros recursos presupuestales para invertir y arriesgar son muy limitados y escasos, por lo que los errores que cometamos nos pueden costar mucho más caro que a una gran empresa.

El marketing de prueba, a través del testeo de productos o producto mínimo viable (PMV)[12], es sumamente importante entenderlo y ponerlos en práctica, ya que nos va a permitir hacer pruebas de productos nuevos o en desarrollo con mínimas cantidades de inversión o riesgo; de tal manera, que cuando se vaya a dar el caso que el producto no sea aceptado en el mercado, la perdida sea mínima.

El resultado poco satisfactorio de un producto mínimo viable (PMV) y la amplitud para no verse afectado y tener nuevas oportunidades, es a lo que he denominado tener un buen **margen de maniobra**. Esto permitirá poder seguir intentando, ajustando y probando nuevos productos, sin que nuestro negocio caiga en altas pérdidas o, en el peor de los casos, la quiebra; como se ha visto el caso de muchas empresas que asumieron altos riesgos (sin *margen de maniobra*) lanzando productos, sin realizar periodos de prueba, testeo o producto mínimo viable (PMV).

Cuando un producto o servicio pasa la prueba de testeo, recién se invierte y se realiza la producción en serie esperando obtener las ganancias proyectadas previamente.

II.3.2.4 Fijación de precios

Para la fijación de precios, se deben tener en cuenta a los consumidores, proveedores, distribuidores, competidores y gobierno[13]. Cuando se trata de control de precios, existen empresas, sobre todo en el caso de

---

[12] *Véase Eric Ries, El Método Lean Startup (2020).*
[13] *Este método de fijación de precios, está basado mayormente en la práctica convencional de la estrategia para mercados competitivos. En la otra alternativa, que es el enfoque no competitivo creativo, existe otra forma de determinar el precio, propuesta por Kim y Mauborgne (2005).*

grandes empresas, que utilizan la estrategia de integración[14], de esta manera, les resulta más cómodo controlar los precios del mercado.

Para evitar el control de precios, por parte de empresas dominantes, los gobiernos pueden tener facultades para utilizar mecanismos restrictivos como precios mínimos o tope, publicidad de precios y otros tipos de controles.

Son opciones estratégicas de las empresas no discutir precios, descuentos o condiciones de crédito en asociaciones mercantiles, no publicar listas de precios o restringir la oferta para mantener los precios altos debido a que los competidores pueden copiar fácilmente los cambios de precios o caer en una guerra de precios.

Los estudios para la fijación de los precios dicen que se debe tener en cuenta también el nivel de percepción que tiene el cliente ante ellos. Por ejemplo, fijar precios por decir en 1.99 dólares, hace que nuestro cerebro se esfuerce más en reconocerlo que fijando números pares, percibiéndolo como un costo de 1 dólar y tanto; pero también lo puede percibir como un producto barato y de bajo valor. Ante esto, también se descubrió que los precios con números múltiplos de 5, el cerebro los utiliza más fácilmente y los percibe como productos de mayor calidad[15].

Lo anterior es muy importante a la hora de fijar precios según las estrategias que adoptemos y el mercado que pretendamos conquistar, ya que si queremos vernos como productores más económicos y de menor calidad fijaremos precios como $ 59.99; en cambio, si queremos vernos como una marca diferenciada con productos de calidad sería mejor utilizar $ 60.00.

II.3.2.5 Distribución

La distribución en el marketing incluye puntos de venta, canales, almacenamiento, inventarios y transporte. Hoy en día, existen empresas que no venden directamente al mercado por cuestiones de presupuesto y alcance, utilizan intermediarios llamados facilitadores, agentes, vendedores o distribuidores entre otros.

En lo que respecta a la intermediación o venta directa, también existen empresas que no solo utilizan un canal u otro, sino que combinan y utilizan ambos canales vendiendo directamente a través de su página web o plataformas sociales (Facebook, Instagram) y utilizando intermediarios en plataformas de ventas como Amazon o Mercado Libre, como habíamos mencionado en el apartado de ventas.

En el caso de las pequeñas empresas, por falta de recursos, la mejor estrategia consiste en apalancarse con los intermediarios, en donde debemos apoyarnos en las plataformas virtuales, por ejemplo, y haciendo uso del internet

---

[14] *Esta estrategia de integración, que es una estrategia empresarial de expansión de negocios del enfoque competitivo, que la veremos más adelante, no debe de confundirse con nuestra propuesta sobre la estrategia de integración de mercados que también la mencionaremos más adelante.*
[15] *Véase Pedro Bermejo, Neuroeconomía (2016).*

que ha logrado democratizar en gran medida el crecimiento de los pequeños negocios con costos fijos mínimos, lo cual debe aprovecharse de la mejor manera.

II.3.2.6 Investigación de mercados

La función de investigación de mercados conlleva actividades como recopilación, registro y el análisis sistemático de datos concerniente a la oferta y demanda de productos y servicios, así como su comercialización.

Las empresas que saben realizar investigación de mercados, cuentan con buenos equipos de investigación que les dan buenos resultados, debido a que se trabaja en la eficacia orientada al cliente y el mercado; por ello, esta actividad es muy importante en la empresa, que no se debe descuidar de ningún modo. Esta valoración se cumple para todo tipo de negocios, sea cual fuere su tamaño.

II.3.2.7 Análisis de oportunidades

El análisis de oportunidades implica la evaluación de costos, beneficios y riesgos que conllevan las decisiones de marketing. Se realiza en 3 pasos: 1. Cálculo de costos totales de cada decisión, 2. cálculo de los beneficios de cada decisión y 3. comparar el costo total con el total beneficio. Cuando los beneficios superan los costos la decisión se volverá más atractiva de tomar.

II.3.3 Finanzas y Contabilidad

La medición de la condición financiera de una empresa es considerada, por la mayoría de empresas que lo practican, como el mejor indicador de salud que se puede mostrar para considerarse competitiva y atractiva si se quiere invertir en ella.

En realidad, es un indicador muy necesario sí, pero no suficiente para mostrarnos la salubridad de un negocio, ya que un negocio podría tener muy buenos indicadores financieros o numéricos, pero también podría estar teniendo problemas por dentro sin que los números necesariamente lo muestren. Hay que ser muy cuidadosos en este aspecto.

De cualquier manera, tener en cuenta las condiciones financieras es considerado muy necesario para determinar fortalezas y debilidades a tener en cuenta para diseñar estrategias eficaces.

Como ya hemos mencionado anteriormente los recursos financieros pueden ser limitados, y más si nuestro negocio es nuevo o pequeño, haciendo que algunas o muchas de nuestras estrategias no pudieran ejecutarse. La medición de estos recursos podemos verlos a través de ratios como liquidez, capital de trabajo, endeudamiento, rentabilidad y flujo de efectivo entre otros. En el cuadro Nº 5 se podrá ver sus indicadores.

Las 3 funciones básicas en *finanzas y contabilidad* (David, 2008):

1. **Decisiones de Inversión**

    Son las decisiones que se toman con respecto a la asignación y reasignación de los recursos financieros a productos, servicios, activos, proyectos y divisiones de una empresa. El diseño de estrategias requiere que podamos asignarles un presupuesto financiero para poder ejecutarlas con éxito. Algunos también denominan a estas decisiones presupuesto de capital.

2. **Decisiones de financiamiento**

    Son las decisiones que determinan que tan bien puede ser obtenido el financiamiento por medio de diferentes fuentes como recurrir a deuda o recursos propios como vender activos de la empresa. También se tiene otra opción que es la emisión de acciones, pero ello solo se da en el caso de grandes empresas denominadas públicas por cotizar en bolsa.

    Las necesidades de financiamiento deben considerar el cálculo de capital de trabajo, que es capital necesario para realizar las operaciones del negocio. Los dos indicadores financieros clave son el endeudamiento de capital y el endeudamiento de total de activos.

3. **Decisiones de dividendos**

    Los dividendos vienen a ser la repartición de las ganancias de la empresa entre sus propietarios o accionistas en caso de una sociedad. En el caso de pequeñas empresas de propietario único vendría a ser la parte de la utilidad que le corresponde pagarse al dueño de negocio.

    En este sentido las decisiones de dividendos tienen que ver con el porcentaje de las utilidades que se paga al dueño o accionistas de la empresa, el porcentaje que se destine a reinversión del negocio y el equilibrio que se mantenga entre lo que se reinvierte y el pago a los propietarios, esto dependerá del estilo que emplee el negocio y el tipo de estrategia que quiera manejar, hay empresas que eligen 20%, 30% o hasta 40% aproximadamente. El resto se destinará a reinversiones y capitalizar el negocio.

    Es necesario saber que, para medir el equilibrio entre los pagos de dividendos y el porcentaje de reinversión, no existe una formula exacta para determinar estas acciones en la empresa.

II.3.3.1 Principales Indicadores Financieros

Los indicadores financieros son los ratios que se calculan a partir de los estados de resultados y balance general del negocio, que sirven para conocer la situación financiera de la empresa en determinado momento, como algunos mencionan, nos da una fotografía del momento financiero de nuestro negocio.

Para tener mejores resultados de análisis, el cálculo de los indicadores financieros debería de compararse con los del promedio de la industria en la que se encuentra nuestro negocio, esto nos permitirá tener una visión más clara de las fortalezas y debilidades que puede tener nuestra empresa.

También es necesario saber que determinados indicadores financieros tienen importancia de acuerdo con el tipo de empresa o industria. Por ejemplo, el indicador rotación de inventarios no tendrá la misma importancia para una empresa que no maneja inventarios como una empresa de servicios, que para una que utiliza espacios físicos de manejo de almacenes, he visto este error incluso en grandes empresas de servicios "bien asesoradas"

INDICADOR	FORMULA	DESCRIPCIÓN
Indicadores de crecimiento:		
Capital de trabajo	Activo corriente - Pasivo corriente	**Capital de dinero disponible para utilizar en las operaciones de la empresa**
Ventas	Porcentaje de crecimiento anual total de ventas	Mide el porcentaje de crecimiento anual en ventas.
Utilidad neta	Porcentaje de crecimiento anual en utilidades	Mide el porcentaje de crecimiento anual en utilidades.
Ganancias por dividendo	Porcentaje de crecimiento anual en ganancias por dividendos	Mide el porcentaje de crecimiento anual en dividendos por acción.
Indicadores de rentabilidad:		
Margen bruto de ganancia	(Ventas - costo de lo vendido)/Ventas	Mide el margen total disponible para cubrir gastos de operación y generar ganancias.
Margen de ganancia operativa	Utilidad antes de intereses e impuestos /Ventas	Mide las rentabilidad sin tomar en cuenta los impuestos e intereses.
Margen neto de ganancias	Utilidad neta / Ventas	Mide la utilidad después de impuestos por dólar vendido.
Rendimiento de activos totales	Utilidad neta / Total activos	Mide la utilidad despues de impuestos por dólar de activos
Rendimiento de capital	Utilidad neta / Total de capital de los accionistas	Mide la utilidad después de impuestos por dólar invertido por los accionistas
Ganancias por acción	Utilidad neta / Número de acciones	Mide las ganancias obtenidas por lo dueños de acciones.
Indicadores de liquidez:		
Indicador actual o liquidez	Activo corriente / Pasivo corriente	Mide hasta que punto la empresa puede afrontar sus compromisos a corto plazo.
Indicador rápido o prueba ácida	(Activo corriente -inventario) / Pasivo corriente	Mide hasta que punto la empresa puede afrontar sus compromisos a corto plazo sin tener que vender su inventario.

(Continúa)

Continuación

INDICADOR	FORMULA	DESCRIPCIÓN
Indicadores de endeudamiento:		
Endeudamiento de activos	Total deuda / Total de activos	Mide el porcentaje de activos totales aportado por deuda.
Endeudamiento de capital	Total deuda / Total de capital	Mide el porcentaje de capital aportado por deuda.
Endeudamiento a largo plazo de capital	Deuda a largo plazo / Total de capital	Mide el porcentaje de capital aportado por deuda a largo plazo.
Indicadores de actividad:		
Rotación de inventario	Ventas / Inventario	Mide si la empresa cuenta con un inventario excesivo y si lo esta vendiendo lentamente en comparación con la industria.
Rotación de activos fijos	Ventas / Activos fijos	Mide la productividad en las ventas, en la planta y en la utilización del equipo.
Rotación de activos totales	Ventas / Total de activos	Mide si la empresa esta generando un volumen sufciente de negocio para el tamaño de los recursos invertidos.
Rotación de cuentas por cobrar	Ventas anuales a crédito / Cuentas por cobrar	Mide el tiempo promedio que le toma a una empresa cobrar las ventas a crédito (en términos porcentuales).
Periodo promedio de recuperación	Cuentas por cobrar / Total de ventas al crédito 365 días	El tiempo promedio que le toma a una empresa cobrar las ventas a crédito (en días).
Punto de Equilibrio	Total de costos fijos / (Precio de venta unitario - Costo unitario)	Mide el número mínimo de unidades que tenemos que vender para cubrir el total de nuestros costos fijos.

Cuadro Nº 5: Principales indicadores financieros
Fuente: Adaptación tomada de Fred R. David. Conceptos de Administración Estratégica, 2008

En el cuadro Nº 5 se pueden apreciar los principales indicadores financieros a tener en cuenta formados por 5 grupos los cuáles son:

1. **Indicadores de crecimiento.** Son los que miden el crecimiento económico de la empresa.
2. **Indicadores de rentabilidad.** Son los que miden el rendimiento generado por los ingresos e inversiones.
3. **Indicadores de liquidez.** Son los que miden la capacidad de la empresa para afrontar sus deudas a corto plazo.
4. **Indicadores de endeudamiento.** Son los que miden el nivel de endeudamiento de la empresa.
5. **Indicadores de actividad.** Son los que miden el nivel de eficacia de la utilización de los recursos.

Para tener una evaluación más completa y efectiva del análisis de los indicadores financieros, es necesario hacer comparaciones relativas de nuestros indicadores financieros de la siguiente manera (David, 2008):

1. Comparaciones históricas, para ver si es que los indicadores han aumentado, disminuido y mantenido en el tiempo. Esto nos mantendrá al tanto de los avances o retrocesos para adoptar medidas.
2. Comparaciones con las normas de la industria, para ver si nuestros indicadores nos indican si vamos por buen o mal camino en comparación con el estándar de la industria que no debemos dejar de lado, nos ayudara a determinar mejor nuestras fortalezas y debilidades.
3. Comparaciones con nuestros mejores competidores, para ver si nuestra competencia nos está sacando ventaja o vamos por buen camino. A pesar de que los indicadores promedio de la industria nos digan que vamos bien, no es suficiente cuando veamos que en ese mismo tiempo los indicadores de la competencia son mejores. Hay que tener cuidado con esas alertas.

Como se ha mencionado anteriormente el resultado de la evaluación de indicadores financieros son a la vez el resultado de diversos factores que no precisamente son contables o numéricos, sino cualitativos y que provienen del desenvolvimiento de otros factores como marketing, investigación, operaciones, decisiones gerenciales, competidores, proveedores, distribuidores, clientes, tendencias económicas, demográficas, culturales, ambientales, etc.

La gestión y reconocimiento de estos factores son los que pueden dar como resultado indicadores financieros saludables y/o detectar posibles fallas potenciales que pueden afectar el rendimiento a mediano o largo plazo del negocio y que son necesarios descubrir antes que vaya ser demasiado tarde para la empresa.

II.3.4 Producción y operaciones

La función de producción y operaciones son aquellas las actividades en donde diversos materiales o insumos se transforman en productos y servicios finales que se ponen a disposición de nuestros clientes.

Las actividades de producción y operaciones están relacionadas con la *eficiencia empresarial*, ya que esto se consigue cuando utilizamos de la mejor manera el uso de los recursos y los procesos para diseñar nuestros productos y servicios.

En el cuadro N° 6 podemos observar 5 funciones que conciernen a la administración de la producción y operaciones: proceso, capacidad, inventario, fuerza laboral y calidad.

FUNCIÓN	DESCRIPCIÓN
1. Proceso	Conciernen al diseño del sistema de producción e incluyen actividades como elección de la tecnología, organización de la instalación, análisis de flujo de procesos, ubicación de la planta, control de procesos y transporte.
2. Capacidad	Tienen que ver con la determinación de los niveles de producción óptimos (ni demasiado, ni muy poco), incluyen actividades como pronósticos, planeación de las instalaciones, calendarización, planeación de la capacidad y anáslisis de lineas de espera.
3. Inventario	Implica la administración de los niveles de materia prima , trabajos en proceso y bienes manufacturados. Las decisiones específicas incluyen ordenar, cuándo y cuanto, así como el manejo de materiales.
4. Fuerza laboral	Conciernen a la administración de los empelados calificados, no calificados, de oficina y adminsitrativos. Las decisiones específicas incluyen el diseño de puestos, la medición del trabajo, las normas laborales y las técnicas de motivación.
5. Calidad	Las decisiones de calidad estan orientadas al aseguramiento de la producción de bienes y servicios de alta calidad. Las decisiones específicas incluyen control de calidad, muestreo, pruebas, aseguramiento de la calidad y control de costos.

Cuadro N° 5: Funciones básicas de la administración de producción
Fuente: Fred R. David. Conceptos de Administración Estratégica, 2008

Las funciones de producción son tan importantes que pueden determinar el éxito o fracaso de un negocio, inclusive, hoy en día, podíamos decir que la eficiencia empresarial ya no es una ventaja competitiva, sino una ley ineludiblemente necesaria si queremos mantenernos en el mercado; por ello, debemos tener en cuenta esto cuando evaluamos las fortalezas y debilidades de nuestro negocio y se diseñen las estrategias.

II.3.5 Investigación y desarrollo.

La función de investigación y desarrollo, en una etapa inicial, aparece como función en el equipo de trabajo; inclusive, existen empresas grandes que no cuentan con un área de investigación y desarrollo; así que en nuestro contexto lo más importante, por el momento, es reconocerla y poder determinar nuestras fortalezas o debilidades reconociendo factores que puedan ser importantes para nuestro negocio.

Existen empresas que pueden depender casi completamente su éxito al desarrollo de esta función o área, como por ejemplo las empresas de desarrollo tecnológico que tienen que estar innovando constante y aceleradamente, por lo que sus gastos o presupuesto en este campo son inmensos para crecer o mantenerse en el mercado.

Por lo general, la inversión en investigación y desarrollo están dirigidas al desarrollo de nuevos productos, la mejora en la calidad de los mismos (estrategia de enfoque o alta segmentación) o la mejora en los procesos de fabricación para abaratar costos (estrategia de liderazgo en costos); lo que puede ocasionar grandes ventajas competitivas en las empresas que lo implementen exitosamente.

Una buena gestión de investigación y desarrollo efectiva tiene que tener una articulación y comunicación eficaz, a nivel estratégico y operativo, con las demás funciones más importantes de nuestro negocio.

La visión estratégica eficaz para esta función debe consistir en la decisión conjunta de saber que se investigará y desarrollará, porqué, cuánto, dónde y por cuánto tiempo en la adopción de una determinada estrategia. Esto se logrará a través de la cooperación e integración de todo el equipo y sus diferentes funciones asignadas, la comunicación debe darse integralmente en todas las funciones. Esta articulación bien orientada debe ser conducida por los principios de la dirección estratégica aplicada por los estrategas responsables.

Las formas más adecuadas, aplicado a la MIPYME, para asignar presupuesto a investigación y desarrollo son: 1. Asignar porcentajes de ventas, 2. Presupuestar lo mismo que la competencia o 3. Decidir cuántos nuevos productos se requieren y en base a ello presupuestar. Lo más recomendable de utilizar, debido a la escasez de presupuesto, sería conocer cuánto se requieren y luego de ello equilibrar los productos que se puedan desarrollar.

Los dos enfoques que se utilizan para adoptar las investigación y desarrollo son: 1. La investigación y desarrollo interna, en donde la propia empresa opera su departamento, en el caso de la pequeña empresa podría adoptarse este enfoque, únicamente en lo más vital, manejándolo con un responsable o equipo de trabajo, y 2. La Investigación y desarrollo externa, es decir contratar investigadores o empresas externas.

Con estos 2 enfoques, también se puede hacer una combinación de ambos, en donde se puede desarrollar algunas cosas importantes que puede manejar el negocio desde sus fortalezas y algunas otras contratar, como por ejemplo desarrolladores o FreeLancers que, para el caso de la MIPYMES, puede ser lo más óptimo si queremos desarrollar e implementar una estrategia de innovación.

II.3.6 Sistemas de información gerencial

La información de una empresa es como la sangre en el cuerpo humano, debe fluir y alimentar a todos y cada uno de los órganos de nuestro cuerpo, en este caso las unidades, áreas o equipos de trabajo de nuestra organización.

Si la información es como la sangre, el sistema de información vendría a ser como el corazón que bombea los suficiente al cuerpo para que este pueda funcionar adecuadamente. Por lo tanto, los sistemas de información son vitales para nuestro negocio y deben evaluarse correctamente para detectar fortalezas y debilidades internas necesarias de reconocer en el análisis interno.

Un sistema de información debe recopilar, procesar, almacenar y entregar la información, tanto a lo interno como externo de todas las funciones administrativas del proceso de *Dirección Estratégica*, de manera que con ello los estrategas de cada nivel puedan tomar decisiones efectivas.

Deben ser claros, sencillos y entendibles por todos los miembros de la compañía o equipo que dirijamos; así como el contenido debe ser selectivamente relevante, esto nos permitirá generar un sistema más eficaz de comunicación, lo que generará mayores ventajas competitivas.

La información que fluye debe de ser transversal y longitudinal a todos sus elementos o unidades constitutivas, de ello depende que se tomen decisiones mejor informadas y eficaces para el logro de los objetivos, metas e implementación de las estrategias.

Hoy en día, tenemos una infinidad de múltiples herramientas tecnológicas para hacer un mejor manejo de la información tales como hojas de cálculo, aplicativos, métricas y softwares que proveen de tablas, reportes, gráficas, registros, cuentas, cargos, entre otros diversos documentos de información.

Peter Drucker decía que estamos en la era del conocimiento, en donde el conocimiento es más importante que el capital[16]. Néstor Braidot, nos dice que el éxito de las organizaciones depende más de recursos intelectuales que de los recursos de capital y financieros[17].

Lo anterior nos queda muy claro cuando vemos empresas fundadas con muy poco capital, pero con mucha creatividad, conocimiento y destreza, que hoy en día son grandes megaempresas. Por ejemplo, Amazon empezó en 1994, hace apenas 27 años -es apenas una empresa infantil comparada con otras que tienen más de 100 años- en una cochera vendiendo libros de segunda mano. Hoy en día es la empresa más valorada del mundo; o como cuando Steve Jobs vendió su auto de segunda por 7 mil dólares para fundar Apple.

Entonces, saber aprovechar y aplicar la información y el conocimiento marcará la diferencia, mientras que aquellas organizaciones que no lo sepan aprovechar estarán condenados a la extinción. La aplicación del conocimiento es más importante que el conocimiento mismo e incluso que el capital que se requiera para emprender.

La gran ventaja que tenemos de esta democratización del acceso a la información y como pequeños negocios emergentes, es que debemos saber aprovecharlo muy bien para poder crecer y desarrollar nuestras empresas con movimientos sigilosos que te da precisamente el acceso al conocimiento, empleándolo con habilidad y sabiduría para poder crecer, ganar o crear nuevos mercados.

Todas estas variables y factores nos van a permitir evaluar y determinar un equilibrio entre el ambiente externo y el ambiente interno para, posteriormente, diseñar cómo serán nuestros objetivos y las estrategias que vamos a emplear para alcanzarlos.

II.3.7 Matriz de evaluación de factores internos (EFI)

Esta matriz es una herramienta que resume y clasifica como fortalezas y debilidades los factores de los temas funcionales que hemos

---

[16] Véase Peter Drucker, *La Gerencia en la Sociedad Futura* (1999).
[17] Véase Néstor Braidot, *Neuromanagement* (2012).

descrito anteriormente. Para realizar esta evaluación tenemos que tener en cuenta hacer buenos juicios intuitivos y un gran conocimiento del negocio. Recordemos que la *Dirección Estratégica* es arte y ciencia a la vez.

Los pasos que vamos a considerar para elaborar nuestra matriz EFI los describiremos a continuación (David, 2008):

1. Guiándonos de las preguntas que hemos considerado para cada área de la empresa (las preguntas se encuentran en el apéndice al final del libro), así como utilizando nuestro buen juicio e intuición de incluir factores internos clave que respondan a otras preguntas necesarias, elaboramos una lista de factores clave. Se puede considerar, no siendo ello una camisa de fuerza, de acuerdo al tamaño de la empresa, de 7 a 10 factores entre fortalezas y debilidades más importantes, siendo, en la medida de lo posible, lo más específico.
2. Asignaremos a cada factor una puntuación desde 0.0 (irrelevante) hasta 1.0 (muy importante), siendo 0.0 el factor de menor importancia relativa sobre el éxito o desempeño en la industria de la empresa y 1.0 el de mayor impacto o relevancia relativa. La suma de todos los factores, sean fortaleza o debilidades, debe ser igual a 1.0.
3. Las debilidades tendrán una clasificación de 1 a 2, siendo 1 una debilidad importante y 2 una debilidad menor. Las fortalezas tendrán una clasificación de 3 a 4, siendo 3 una fortaleza menor y 4 fortaleza importante. La escala será de 1 a 4 y estará basada en la importancia del factor sobre la empresa.
4. Multiplique el puntaje de cada factor por cada una de sus clasificaciones respectivas que darán como resultado un puntaje ponderado para cada factor interno clave.
5. Sume los puntajes ponderados de cada factor interno para obtener un puntaje total ponderado de toda la empresa.

Lo puntajes ponderados totales por debajo de 2.5 se consideran negocios que internamente son débiles y un puntaje por encima de 2.5 caracterizan a negocios con una posición interna fuerte.

En el ámbito de las MIPYMES, podría ser extraño, pero también puede darse el caso de tener factores que pueden ser fortalezas y al mismo tiempo debilidades, si se presentara esta situación, colocar doblemente y asignarle a cada uno una puntuación y una clasificación propia, de acuerdo a los pasos que se explicaron anteriormente.

En la medida de lo que se pueda, trate de ser lo más claro y específico posible al redactar cada uno de los factores, esto permitirá ser más precisos en la puntuación y evaluación de estos.

A continuación, se presenta un ejemplo para nuestra pequeña empresa de venta de comida por delivery:

NO	FACTORES INTERNOS CLAVE	PUNTAJE RELATIVO	CLASIFICACIÓN	PUTNTUACIONES PONDERADAS
	Fortalezas			
1	El personal de cocina esta muy bien capacitado brindando platos de excelente calidad y sabor.	0.25	4	1.00
2	Se cuenta con las todas las plataformas y redes sociales para comunicación y contacto de pedidos.	0.25	4	1.00
3	Se cuenta con buena base de datos de clientes en los 9 distritos que se atienden.	0.15	3	0.45
4	La atención de los pedidos es rápida, máximo 60 minutos para entregar los pedidos.	0.15	3	0.45
	Debilidades			
5	Deliverys contratados por modalidad libre.	0.03	2	0.06
6	Falta de experiencia en el personal por ser una empresa nueva.	0.01	2	0.02
7	Falta de capital para invertir en mejores equipos de producción y atención.	0.16	1	0.16
	Total	1.00		3.14

Cuadro Nº 5: Ejemplo de aplicación matriz de evaluación de factores internos (EFI) para una pequeña empresa de comida por delivery
Fuente: Adaptación tomada de Fred R. David. Conceptos de Administración Estratégica, 2008

Como podemos observar en el cuadro Nº 5 el puntaje ponderado promedio que obtiene nuestra empresa de comida de es 3.14 muy por encima del 2.5, lo cual indica que la posición que está desarrollando el negocio es fuerte; es decir, está aprovechando muy bien sus fortalezas internas y trabajando en la mejora de sus debilidades.

En el cuadro vemos, que los factores internos clave con mayor puntuación ponderada de 1.00 cada uno, son las fortalezas 1 y 2, lo cual indica que estas fortalezas son las más importantes, ya que en los negocios de comida se aprecia en gran medida la calidad y el sabor de la comida, así como, se debe canalizar de la mejor manera el buen aprovechamiento que tenemos de las redes y plataformas de comunicación; por lo tanto, en el diseño de las estrategias se debe aprovechar en gran medida estas 2 fortalezas.

Por el lado de las debilidades, tenemos el factor asignado con el número 7 con la mayor puntuación ponderada de 0.16, lo cual nos indica que la debilidad potencialmente más importante a tener en cuenta es la falta de capital para invertir, entonces debemos centrarnos, de manera ingeniosa, en cómo generar menores costos y tenerlo en cuenta en la elaboración de estrategias, para poder reinvertir mejor nuestras utilidades, por ejemplo.

II.4 OBJETIVOS A LARGO PLAZO (MEGA)

Ahora que sabemos hacia dónde queremos ir, conocemos cuál es nuestro negocio, reconocemos nuestras fortalezas, debilidades, oportunidades y amenazas, pasaremos a determinar nuestro objetivo u objetivos a largo plazo que alimentaran el logro de nuestra Visión compartida. Generalmente se diseñan en un plazo de 2 a 5 años o más, dependiendo de las compañías.

En la figura Nº 7, observamos la fase resaltado en amarillo que corresponde a objetivos a largo plazo (diseño de la estrategia) de nuestro modelo de proceso de *Dirección Estratégica* CJM Consulting.

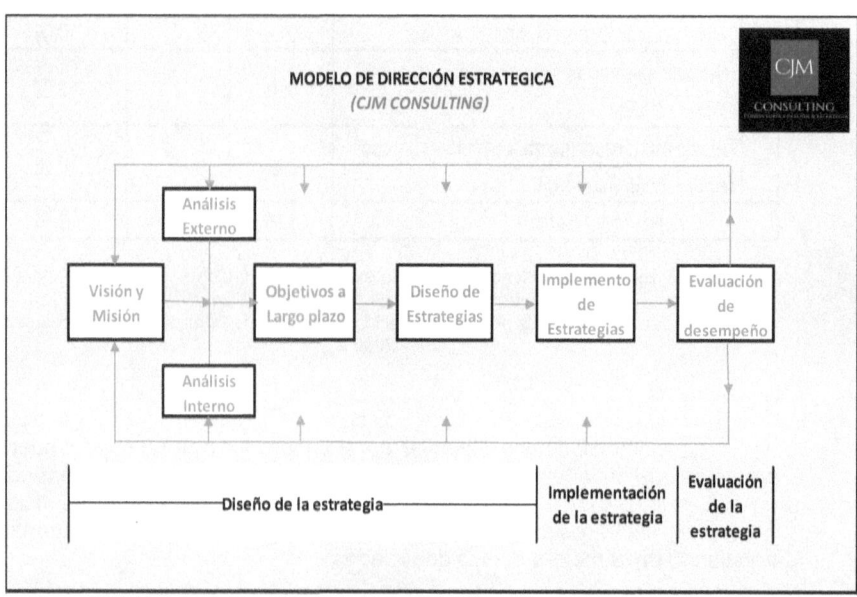

Figura Nº 7: Modelo de Dirección Estratégica CJM Consulting para mipymes (Objetivos a largo plazo)
Fuente: Adaptación tomada de J.L. Bazán Briceño. Administración Estratégica, 2016

Los objetivos nos van a brindar la dirección correcta a nuestro propósito, nos dan el rumbo específico que debemos tomar para diseñar las estrategias, brindan sinergia al equipo, reducen la incertidumbre, motivan el esfuerzo, organizan las actividades y nos guiarán en la asignación de recursos.

Generalmente se establecen en términos de ventas, margen de ganancias, rentabilidad, participación de mercado y responsabilidad social entre lo más utilizado, dependiendo de la organización. Lo recomendable es enfocarse en uno o dos como máximo, para no perder enfoque.

Existen empresas que se trazan un sin fin de objetivos que al final terminan cumpliendo con ninguno o, en el mejor de los casos, solo lo cumplen por cumplir sin importar la forma de cómo han llegado hasta allí (a cualquier costo), este tipo de organizaciones son las que ven el proceso de *Dirección Estratégica* como un fin en sí mismo. Otras cumplen todos eso objetivos de manera mediocre sin trascender ningún resultado que genere efectos y resultados contundentes.

Los objetivos deben ser medibles, comprensibles, retadores pero realistas para todo el equipo y coherentes con nuestra Visión y Misión empresarial; esto permitirá ejecutar nuestras acciones como una unidad bien estructurada (con sentido y coherencia), estrictamente delimitadas y encaminadas hacia el logro de la Visión empresarial trazada.

Algunos autores, como el académico colombiano Humberto Serna Gómez lo denominan "El Mega"[18] y la idea es tener un objetivo a largo plazo que aterrice, rete y pueda medir objetivamente el deseo del logro que queremos obtener a través de nuestra Visión empresarial compartida por todo el equipo de trabajo.

El ejemplo de objetivo mega o de largo plazo para nuestro negocio de venta de comida es como sigue:

"En el año 2026 fastfoot La Preferida será una marca reconocida de venta de comida rápida a nivel nacional con no menos de 5 puntos de venta puestos estratégicamente a lo largo del territorio nacional".

Tenemos un objetivo de largo plazo retador, que se puede medir y va a motivar a moverse a todo el equipo para lograrlo en el periodo establecido. Nótese que el objetivo a largo plazo de pequeño negocio primeramente es cubrir el mercado nacional; eso es lo que llamo buscar el *crecimiento posicionado* de la marca o el negocio, en donde la empresa puede crecer paulatinamente, ganándose posiciones fuertes poco a poco, de tal manera que cuando se presenten competidores que quieran hacerles caer, estarán tan bien sostenidos (posicionados) que les será muy difícil conseguirlo.

II.4.1 Objetivos estratégicos vs objetivos de financieros

Existe siempre una disyuntiva en cuanto a que centrarse en las decisiones; si optamos por la rentabilidad o por el crecimiento de los negocios. Si hablamos de orientación estratégica, podemos decir que los objetivos financieros están orientados hacia la rentabilidad, mientras que los objetivos estratégicos se centran mayormente en el crecimiento de la empresa.

---

[18] *Véase Humberto Serna, Gerencia Estratégica (2017).*

Digamos que los objetivos financieros están más centrados en el corto plazo, en los logros numéricos inmediatos como ingresos, ventas, ganancias, utilidades, rentabilidad, entre otros; mientras que los objetivos estratégicos se orientan mayormente al largo plazo –al crecimiento- y logros no cuantitativos como mejor posicionamiento en el mercado, mayor participación, mayor eficacia empresarial, mejorar eficiencia frente a la competencia, mejorar los costos, mejorar los procesos, nivel de satisfacción del cliente, ser pionero en innovación, entre otros.

Muchos emprendedores que recién empiezan pueden llegar a creer que lo más importante a tener en cuenta, inclusive empresarios y altos ejecutivos experimentados que se precian de tener los mejores asesores y personal "experto" en el tema, son los objetivos financieros de la organización, obsesionándose con el resultado inmediato de cortos plazos.

Esta disputa entre optar por los resultados financieros inmediatos y velar por el crecimiento estratégico sostenido a largo plazo, crea problemas de índole hasta moral entre los líderes que toman estas decisiones, al caer presa fácil de la necesidad inmediata de su satisfacción personal, cayendo en una terrible miopía gerencial de autoengaño, negando las graves consecuencias que pueda tener el sostenimiento de la organización en el futuro.

Por ejemplo, un directivo puede decidir entre subir los precios para incrementar los ingresos del negocio, pero al mismo tiempo puede estar comprometiendo la participación de mercado y el sostenimiento de la empresa a futuro, especialmente cuando la competencia busca incrementar su participación en el mercado, generando un alto riesgo de pérdida de mercado y clientes que son los que sostendrán el negocio para su subsistencia finalmente.

Los objetivos financieros son necesarios si para saber que estamos en parte del juego, pero no son suficientes si queremos tener un crecimiento sostenido y posicionado en el tiempo, necesitamos objetivos estratégicos bien estructurados y coherentes. El problema de muchos estrategas y directivos es que ven los objetivos financieros como un fin en sí mismo, trabajan viendo los números como el fin inmediato supremo y creen que no existe ninguna otra medida mejor de competitividad; ello lo hacen por desconocimiento o ingenuidad. He visto gerentes en la universidad que todo lo querían resolver con indicadores financieros, su mirada gerencial era puramente financiera, lo cual como ya explicamos es un graso error.

Los objetivos estratégicos son los que explican los objetivos financieros y no al revés. La mejor manera de lograr los objetivos financieros es enfocándonos en los objetivos estratégicos que permiten posicionamiento a mediano y largo plazo y ventajas competitivas que se traducirán en indicadores financieros saludables.

II.5 DISEÑO DE ESTRATEGIAS

La estrategia no solo consiste en lo que vamos a hacer para alcanzar nuestros objetivos, sino también en saber lo que tenemos que dejar de hacer; es decir, saber discernir y diferenciar, de manera inteligente, lo que sirve y lo que no sirve para alcanzar nuestros objetivos planteados; es decir, utilizando el *pensamiento estratégico*.

Saber reconocer que es lo que tenemos que dejar de hacer se conoce también, y es muy importante reconocer esto en gestión estratégica empresarial, como **reducción de enfoque**, nos concentramos en unas pocas estrategias y en los recursos necesarios que nos den los resultados esperados, creamos un efecto contundente, un resultado.

La *reducción de enfoque* se asemeja al poder que tiene una lupa sobre el papel cuando, a través de ella, concentramos los rayos solares (reducción del enfoque de la energía) y generamos un resultado, que es el de quemar el papel. Los rayos solares vendrían a representar los recursos y estrategias concentradas para lograr el resultado esperado y la lupa las herramientas e instrumentos estratégicos que utilicemos. Es el mejor ejemplo sobre *reducción de enfoque* tomado de los experimentos físicos y aplicado a la gestión empresarial.

En la figura N.º 8, observamos la fase resaltada en amarillo que corresponde al diseño de la estrategia propiamente dicho (Diseño de Estrategias) de nuestro modelo de proceso de *Dirección Estratégica* CJM Consulting.

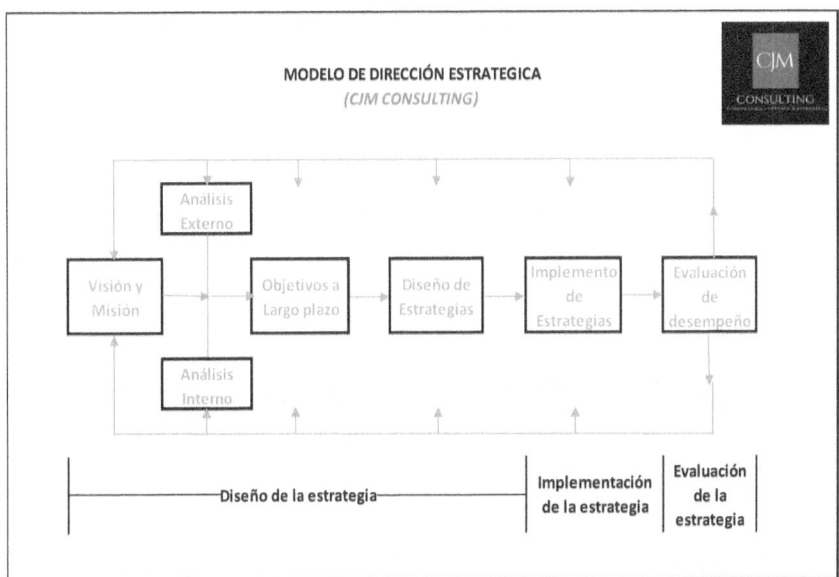

Figura N.º 8: Modelo de Dirección Estratégica CJM Consulting para mipymes (Diseño de Estrategias)
Fuente: Adaptación tomada de J.L. Bazán Briceño. Administración Estratégica, 2016

Es necesario entender que las estrategias se manejan a diferentes niveles, a nivel directivo o estratégico, nivel táctico y a nivel operativo; la magnitud y relevancia de cada nivel puede variar y depender del tamaño de la organización. Cada negocio puede tener sus propias características especiales.

A nivel directivo comprenden las decisiones del más alto nivel, es estratégico, de largo plazo y afecta a toda nuestra organización, por eso son tan importantes y puede corresponder al dueño, director o gerente de nuestra empresa; estas decisiones deben estar sujetas y debidamente alineadas a la visión, misión, valores y nuestros objetivos estratégicos.

Las estrategias de nivel táctico comprenden las decisiones de mando intermedio, son de mediano plazo, pueden corresponder a un jefe de área o departamento de marketing, en caso la organización la tuviera; estas decisiones deben responder y alinearse a las estrategias de nivel directivo o estratégico. Recuerden el alineamiento estratégico que debemos tener, que lo plasmamos en nuestra pirámide a lineamiento en la figura Nº 3 inicialmente.

Y por último tenemos las decisiones operativas, que corresponden a los encargados o responsables del personal más cercano al cliente (personal de primera línea), son de corto plazo y aquellas que se toman de diario; aquí podemos tener a un jefe de equipo de ventas y su personal, deben estar sujetas y alineadas a las estrategias de nivel táctico.

Es importante aclarar que estos niveles y su magnitud dependen en gran medida del tamaño y tipo de organización de la empresa, inclusive existen autores que consideran únicamente 2 niveles, los niveles estratégico (o normativo) y el operativo, desestimando el nivel táctico[19]; que sería muy aplicado, tal vez, a micro y pequeñas empresas; por ejemplo, en la mayoría de pequeños negocios podemos encontrar que un jefe o gerente puede llegar a tomar decisiones de todos los niveles o también puede darse que solo trabajan él (el llamado hombre orquesta) y su equipo, identificándose solo decisiones estratégicas y operativas únicamente.

Entre los principales tipos de estrategias generales tenemos (David, 2008):

II.5.1. Estrategias de integración[20]

Son las estrategias que permiten a la empresa tomar el control de los distribuidores, proveedores y/o competidores; podríamos decir, que son una especie de estrategias ofensivas que buscan acaparar más el espacio de

---

[19] *Véase Enrique Herrscher, Planeamiento Sistémico (2008).*
[20] *Cómo mencionamos anteriormente, no debemos confundir este tipo de estrategia que corresponde a un crecimiento vertical u horizontal de la empresa, tomando el control de otras para beneficiarse estratégicamente, con la propuesta estratégica de integración de mercados que veremos más adelante.*

operación de la compañía, la empresa tiene que tener buena solvencia económica para realizar dichas acciones.

II.5.1.1 Integración directa hacia adelante

Es la que consiste en comprar u obtener el control de los canales de distribución, por ejemplo, el fabricante nacional de ropa Topi Top abrió sus propias tiendas a nivel nacional, para distribuir al público sus propias confecciones es una estrategia de integración directa hacia adelante. Esta estrategia se puede lograr cuando la empresa cuenta con suficiente solidez financiera y/o está bien posicionada en su mercado local. Si la empresa prefiere apalancarse de recursos y personal de terceros puede utilizar la opción de la franquicia también.

Generalmente la pueden utilizar empresas medianas y/o que tengan alto potencial de crecimiento, ya que los principales objetivos de las micro y pequeñas empresas primeramente es dominar y posicionarse en su mercado local, al menos en el plazo más inmediato o mediano.

II.5.1.2 Integración directa hacia atrás

La integración directa hacia atrás se da cuando se busca comprar o tener el control de los proveedores. Por ejemplo, la cadena de cafeterías Starbucks hizo integración directa hacia atrás al comprar plantaciones de café y asegurarse el suministro de granos de café de buena calidad. Al igual que en la integración directa hacia adelante, este tipo de estrategias la pueden realizar mayormente empresas grandes, medianas o bien posicionadas en el mercado con poder financiero que quieren aprovechar alguna debilidad de los proveedores, por su mal servicio o costos, o porque su mercado e industria (del proveedor) está creciendo y se ha vuelto atractivo de aprovechar.

II.5.1.3 Integración horizontal

La integración horizontal se da cuando se intenta controlar la competencia, a través de fusiones, adquisiciones o toma de control, generalmente son empleadas por grandes empresas, se pueden dar los casos en empresas de menor tamaño en menor cuantía. Por ejemplo, Facebook realizó integración horizontal al adquirir a su competidor Instagram, dirigido a la comunidad más joven, mejorando así su oferta, alcance y diversificando sus productos y servicios.

II.5.2 Estrategias intensivas

Se las llama de esta manera debido a que requieren mayores esfuerzos para mejorar la posición competitiva de la empresa sin introducir nuevos productos.

II.5.2.1 Penetración de mercado

Busca incrementar la participación de los productos o servicios en el mercado incrementando los esfuerzos en el marketing y ventas. Es una estrategia muy común y la utilizan empresas de todos los tamaños. Por ejemplo, Coca Cola ha realizado penetración de mercados al aumentar la visibilidad y disponibilidad de sus productos en diferentes puntos de venta, logrando acuerdos con distribuidores y vendedores minoristas para que sus productos este plenamente disponibles e invirtiendo agresivamente en campañas publicitarias para incrementar su demanda.

II.5.2.2 Desarrollo de mercados

Se realiza cuando se introducen productos o servicios actuales en nuevas áreas geográficas. Es preferible que esta estrategia deba emplearse cuando ya dominamos nuestro mercado local y estamos lo suficientemente preparados para dar el siguiente paso, a esto le hemos llamado *crecimiento posicionado*. Por ejemplo, McDonald's ha empelado esta estrategia luego de posicionarse en su mercado local, expandiéndose luego con más puntos de venta a nivel mundial. En esta estrategia también podemos considerar la opción de la franquicia para apalancarse del financiamiento de terceros cuando la marca la tengamos lo suficientemente posicionada y fortalecida.

II.5.2.3 Desarrollo de productos

Esta estrategia se da cuando buscamos mejorar los productos o servicios actuales. Este tipo de desarrollo, por lo general, salvo excepciones, supone grandes gastos de investigación y desarrollo, así que la empresa tiene que contar con suficiente respaldo financiero para realizarlo. Por ejemplo, Nike ha desarrollado sus productos al lanzar zapatillas con tecnología de amortiguación avanzada como las Nike Air Max.

II.5.3 Estrategias de diversificación

Estas estrategias se presentan cuando las empresas buscan capitalizar las sinergias que presentan otras unidades de negocios o empresas, estén o no relacionadas con su ámbito de desarrollo empresarial. Estas estrategias requieren inversión.

II.5.3.1 Diversificación relacionada.

Se da cuando el negocio adquirido posee alguna relación interempresarial en su cadena de producción de valor con nuestro negocio que pueden generan ventajas competitivas para aprovechar. En este tipo de estrategias la empresa debe contar con respaldo financiero suficiente para realizar la adquisición y aprovechar las sinergias que le da la relación con el negocio nuevo. Un ejemplo de este tipo de estrategia es la realizada por Facebook al comprar WhatsApp, beneficiándose de su mercado, sus servicios sociales muy bien relacionados con los suyos en la tecnología de publicidad, permitiéndole sacar mayores ventajas en el mercado mundial.

II.5.3.2 Diversificación no relacionada.

Esta estrategia está presente cuando el negocio adquirido no comparte relaciones interempresariales que sean competitivamente valiosas de aprovechar. Es un tipo de estrategia muy especializada y poco común pero que se da bajo condiciones especiales, por ejemplo, existen empresas que compran otras empresas subvaluadas para aprovechar su bajo costo y repotenciarlas.

II.5.4 Estrategias defensivas

Este tipo de estrategias se presentan cuando las organizaciones se ven amenazadas en sus resultados, competencias o cuando ya no tienen mayores alternativas de rescatar sus resultados económicos; en otras palabras, son alternativas para cuando las empresas se encuentran en crisis o al borde de la quiebra.

II.5.4.1 Reducción.

Se da cuando se reduce los costos y activos para revertir los descensos en las ventas y las ganancias. Esta estrategia sirve para fortalecer las competencias predominantes o más fuertes en la empresa y trabajar en lo que está funcionando, descartando lo que no nos sirve. Por ejemplo, Sony cerro muchas de sus divisiones no rentables, como las de televisores para enfocarse en sus divisiones más rentables, actualmente Sony es muy limitado en sus negocios de televisores.

II.5.4.2 Desinversión

Es la venta de parte o toda la organización, con el fin de reunir capital y hacer otras compras o inversiones más prometedoras. Puede perseguir el mismo objetivo de la reducción, quedándose la empresa con parte del negocio que puede tener esperanza de sobrevivir a la crisis. Por ejemplo, Cemex, una empresa cementera mexicana, implementó una desinversión al vender sus activos no estratégicos y acercarse a sus metas financieras, apalancándose con esas ventas y mejorando su posición en el mercado.

II.5.4.3 Liquidación

Es la venta total de empresa, implica reconocer la quiebra y derrota de la misma, es la decisión más difícil de tomar. Esta estrategia se aplica cuando las anteriores estrategias empleadas no han dado ningún resultado de revertir la crisis o quiebra de la misma. Por ejemplo, el famoso caso Enron, que se declaró en quiebra en 2001 debido a escándalos de fraude corporativo, durante el proceso de liquidación, vendió sus activos para pagar a los acreedores y pagar a los inversores afectados.

II.5.5 Estrategias genéricas

Son las estrategias propuestas por el economista, ingeniero y académico de Harvard Michael Porter -considerado el padre de la estrategia competitiva-, las cuales buscan generar ventajas competitivas en las organizaciones[21]:

II.5.5.1 Liderazgo en costos

Esta estrategia consiste en ofrecer gran variedad de productos o servicios al precio más bajo del mercado. Generalmente son productos masivos. Por ejemplo, Toyota emplea esta estrategia en sus vehículos, ya que son tan buenos como los americanos, pero también son masivos al tener mejores precios.

II.5.5.2 Diferenciación

La diferenciación es la estrategia de elaborar productos o servicios únicos y dirigirlos a mercados que valoran altamente esta característica y tienen la capacidad de poder pagarlo. Por ejemplo, Mercedes Benz utiliza esta estrategia, ya que su mercado es altamente diferenciado con sus vehículos y clientes que valoran su alta gama.

II.5.5.3 Segmentación o alta segmentación

Se da cuando se ofrecen productos o servicios a un pequeño o selecto mercado con características muy especiales y peculiares, con la mejor relación, ya sea entregando alta calidad (diferenciación). Por ejemplo, la marca italiana de vehículos Ferrari, con un mercado altamente segmentado por clientes que aman los autos deportivos muy diferenciados, es una alta segmentación basada en la calidad de sus vehículos deportivos plenamente diferenciados para los amantes de los vehículos deportivos.

II.5.2 Matriz de posición estratégica y evaluación de acciones (PEYEA)

Es otra de las herramientas importantes que ayuda a evaluar las potencialidades internas y externas de nuestro negocio (dimensiones); esto nos dará como resultado un perfil estratégico básico que debemos tener en cuenta, el cual nos puede dar como resultado 4 tipos de perfil estratégico: *agresivo*, *competitivo*, *conservador* o *defensivo*.

Para obtener el perfil estratégico de manera gráfica, hay que dividir en 4 cuadrantes un diagrama de 2 ejes, los cuales van a representar 2 dimensiones internas (*fortaleza financiera* y *ventaja competitiva*) y 2 dimensiones externas (*fortaleza de la industria* y *estabilidad ambiental*). En la figura Nº 9 se muestra el diagrama de la matriz PEYEA.

Como podemos observar en la figura Nº 9, tenemos los 4 posibles perfiles estratégicos que puede adoptar una empresa, de acuerdo con el nivel alto o bajo que posea en cada una de las variables FF (fortaleza financiera), VC

---

[21] *Véase Michael Porter, Ventaja Competitiva (2013)*

(ventaja competitiva), EA (estabilidad ambiental) y FI (fortaleza de la industria) que están al interno o externo de la misma.

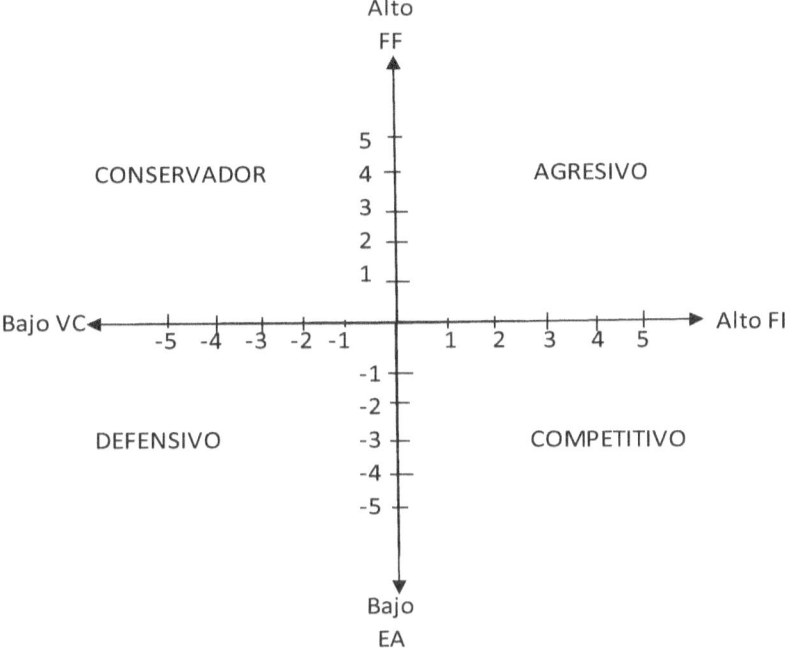

Figura N° 7: Modelo de matriz PEYEA
Fuente: Humberto Serna Gómez. Gerencia Estratégica, 2017

El *perfil estratégico agresivo* se ubica en los puntajes de las dimensiones positivas para FF (fortaleza financiera) y FI (fortaleza de la industria), esta posición es la mejor que podría tener una empresa y generalmente caracteriza a las grandes empresas con experiencia en el mercado, alto posicionamiento y estabilidad financiera. Mientras el resultado de la evaluación este más alejada de la intersección u origen del diagrama, la organización disfrutara de una mejor posición estratégica.

En la posición agresiva la organización debe aprovechar sus ventajas sobre el mercado, aprovechar el momento para mejorar sus debilidades internas y superar las amenazas externas. Por lo tanto, en esta situación todas las estrategias de integración, diversificación e intensivas mencionadas anteriormente son posibles de utilizar, tomando en cuenta la situación y contexto para cada organización.

La posición agresiva generalmente es muy característica de las mega empresas, los conglomerados y grandes empresas multinegocios; son muy agresivas, si se proponen destruir a un competidor que descubran pueden hacerlo trisas. Puede darse el caso también, de pequeñas y medianas empresas en crecimiento o con alto potencial.

El **perfil estratégico conservador**, que se ubica entre FF (fortaleza financiera) y VC (ventaja competitiva), es una estrategia en donde la empresa debe mantener sus competencias básicas y cuidarse de no asumir grandes riesgos, debe ser sigilosa. Podríamos decir que este tipo de estrategias generalmente se acomodan con medianas empresas en crecimiento y en busca de posicionamiento en el mercado. Podría darse el caso de pequeñas empresas con rápido despegue, fortaleza financiera y crecimiento.

Las estrategias preferibles para una posición conservadora serían las de penetración y desarrollo de mercado, el desarrollo de productos y la diversificación, siempre teniendo en cuenta el contexto y situación de la pequeña y mediana empresa.

El **perfil estratégico competitivo** se ubica en la parte inferior derecha del diagrama, entre las dimensiones FI (fortaleza de la industria) y EA (estabilidad ambiental). En un nivel alto –más alejado del origen- de fortaleza de industria y estabilidad ambiental, la empresa debe utilizar sus ventajas internas lo mejor que pueda para aprovechar la oportunidad del crecimiento de la industria y la estabilidad ambiental.

Esta estrategia corresponde bien con las estrategias de integración, penetración de mercado, desarrollo de mercado, desarrollo de productos, empresas conjuntas y diversificación. Este tipo de perfil las pueden emplear las micro, pequeñas y medianas empresas (MIPYMES) con altas oportunidades de crecimiento y posicionamiento en la industria en que incurren. Las pequeñas empresas tienen una gran ventaja: son pequeñas y mucho más fáciles de maniobrar, el sigilo es la clave para seguir ganando terreno en el mercado.

Finalmente tenemos el **perfil estratégico defensivo**, que corresponde en la parte inferior izquierda a las dimensiones VC (ventaja competitiva) y EA (estabilidad ambiental). En sus valores más bajos; es decir, más alejados del origen o más negativos, la organización se encuentra en una crisis grave, no tiene ventajas competitivas y la estabilidad ambiental del mercado está en su peor momento, la empresa tiene muchas amenazas.

Corresponden a esta posición defensiva la estrategia de reducción, desinversión y liquidación. En este tipo de posición, que es el opuesto de la posición agresiva, lo pueden experimentar cualquier tipo de organizaciones, cualquiera sea su tamaño. Así también, podríamos decir que, es en este caso la empresa se encuentra continuamente en *estado de supervivencia o emergencia*, la cual puede llevarla a la quiebra. En estos casos, la mejor alternativa es innovar y explorar otras formas alternativas de mercado para salir de la crisis[22].

En el cuadro Nº 6, podemos observar los tipos de estrategias utilizadas generalmente por las empresas de acuerdo a su tamaño, nótese que para las grandes empresas es aplicable cualquiera de todas las estrategias genéricas y, lo que mencionamos anteriormente, una estrategia agresiva la utilizan generalmente las grandes empresas, pudiendo combinar, inclusive varias estrategias genéricas, de acuerdo a su necesidad, contexto y el uso del *pensamiento estratégico*.

En el caso de las mipymes, veremos que mayormente las estrategias que se pueden emplear mejor para estos tipos de negocios son las competitivas y las conservadoras, ya que por el mismo hecho de ser empresas más pequeñas deben ser muy sigilosas y utilizar de la mejor manera posible sus recursos y competencias para lograr resultados satisfactorios. En el caso de la estrategia agresiva, también puede haber casos de empresas medianas de gran despegue y potencial que pueden llegar a tener éxito en el uso de esta estrategia.

---

[22] *Para estos casos, al hablar de innovación, nos estamos refiriendo al concepto introducido por Kim y Mauborgne, llamado innovación en valor, desarrollando estrategias de océano azul, en donde logres descubrir espacios nuevos de mercado, donde la competencia pierda toda importancia; haciendo, lo que más adelante lo vamos comentar, estrategia de integración de mercados, que es la alternativa opuesta a la clásica propuesta que todos emplean, sea cual sea el escenario presentado, llamada segmentación de mercados. Este concepto, parte justamente, como resultado de las investigaciones de Kim y Mauborgne, y que juega un papel justamente como un hijo reforzador de esta idea revolucionaria, adaptado y propicio para las micro, pequeñas y medianas empresas (MIPYMES).*

TIPO DE ESTRATEGIA PEYEA	TIPO DE ESTRATEGIA GENÉRICA	TIPO DE EMPRESA GENERALMENTE
Agresivo	Penetración de mercado	Gran Empresa / Empresa Trasnacional / Multinacional /Conglomerado
	Desarrollo de mercado	
	Desarrollo de productos	
	Integración hacia atrás	
	Integración directa	
	Integración horizontal	
	Diversificación relacionada	
	Diversificación no relacionada	
Competitivo	Penetración de mercado	Gran Empresa / MIPYMES
	Desarrollo de mercado	
	Desarrollo de productos	
	Integración hacia atrás	
	Integración directa	
	Integración horizontal	
	Alianzas	
Conservador	Penetración de mercado	Gran Empresas / MIPYMES
	Desarrollo de mercado	
	Desarrollo de productos	
	Diversificación relacionada	
Defensivo	Reducción	Todas en estado de supervivencia o crisis
	Desinversión	
	Liquidación	

Cuadro Nº 6: Tipos de estrategia PEYEA, tipos de estrategias genéricas y tipos de empresas.

El esquema defensivo es en el que todos pueden caer, sea MIPYME o gran empresa corporativa; obviamente, han habido empresas pequeñas que quiebran, como también empresas de grandes conglomerados o trasnacionales que han seguido el mismo camino.

En el cuadro Nº 7, se consideran algunos ejemplos de variables que podemos incluir a la hora de evaluar los factores clave en nuestro negocio. Debemos también tener en cuenta los factores clave que se incluyeron en las matrices EFE y EFI, de manera que nuestras estrategias tengan sentido y coherencia.

POSICIÓN ESTRATÉGICA INTERNA	POSICIÓN ESTRATÉGICA EXTERNA
Fortaleza financiera (FF)	Estabilidad ambiental (EA)
Rendimiento sobre inversión	Cambios tecnológicos
Endeudamiento	Inflación
Liquidez	Varibilidad de la demanda
Capital de trabajo	Precios de la competencia
Flujo de efectivo	Barreras de entrada al mercado
	Competencia
	Elasticidad precio de la demanda
	Riesgo del negocio
Ventaja competitiva (VC)	Fortaleza de la industria (FI)
Participación de mercado	Potencial de crecimiento
Calidad del producto	Potencial de ganancias
Ciclo de vida del producto	Estabilidad financiera
Lealtad de los clientes	Accesibilidad a la tecnologia
Conocimientos tecnológicos	Facilidad para entrar al mercado
Control sobre proveedores y canales	Productividad

Cuadro Nº 7: Ejemplo de variables que se pueden incluir en la matriz PEYEA
Fuente: J. L. Bazán Briceño. Administración Estratégica, 2016

Como podrá observar en el cuadro Nº 7, algunas variables se parecen a las del modelo fuerzas competitivas de Porter, como, por ejemplo, la barrera de entrada al mercado y el control sobre proveedores o canales de distribución; ello es, debido a que, como mencionamos anteriormente, debe haber sentido y coherencia en cuanto a las estrategias de la matriz FODA con las estrategias de la matriz PEYEA. Esto es a lo que llamo tener *coherencia estratégica*, clave y necesario para que un emprendimiento despegue.

Los pasos para elaborar la matriz PEYEA lo describiremos de la siguiente manera:

1. Seleccionar las variables que posee el negocio para cada una de las dimensiones: fortaleza financiera (FF), ventaja competitiva (VC), estabilidad ambiental (EA) y fortaleza de la industria (FI).

2. Debe asignarle a cada una de las variables que corresponden a fortaleza financiera (FF) y a fortaleza de la industria (FI) un valor numérico entre +1 (el peor) y +6 (el mejor).
3. A cada una de las variables que corresponden a estabilidad ambiental (EA) y ventaja competitiva (VC) asígnele un valor numérico entre -1 (el mejor) y -6 (el peor). Mayor valor negativo es un peor estado y menor valor negativo un mejor estado.
4. Para hacer las valoraciones numéricas, compare para las variables internas (FF y VC) con las variables de sus competidores y para las variables externas (FI y EA) haga comparaciones con variables de otras industrias.
5. Promedie la puntuación de cada una de las variables FF, VC, EA y FI; es decir, sume cada uno de sus valores numéricos de cada variable y divídalas entre el número de variables sumadas de cada una. El resultado será de 4 promedios numéricos para cada variable.
6. Sume las 2 puntuaciones promedio del paso 5 (variables FF y EA), el resultado corresponderá a la ubicación de este número en el eje x del diagrama de 2 ejes y sume las 2 puntuaciones promedio del paso 5 (variables FI y VC) cuyo resultado corresponderá a ubicarse en el eje y del diagrama.
7. El resultado de esas 2 sumas del paso 6 darán las coordenadas para ubicar el tipo de perfil estratégico en el diagrama de 2 ejes y graficarlo.

En el siguiente cuadro Nº 8, se muestra un ejemplo de aplicación de la evaluación de puntuación para elaborar el modelo de matriz PEYEA para nuestro pequeño negocio de comida rápida.

Como se observa en el cuadro en mención, tenemos dos columnas: Dimensiones/Variables y puntuaciones. En la columna Dimensiones/Variables tenemos las dimensiones fortaleza financiera (FF), fortaleza de la industria (FI), estabilidad ambiental (EA) y ventaja competitiva (VC) con sus respectivas principales variables consideradas para el negocio de comida rápida. En la columna puntuaciones se le otorga la puntuación correspondiente a cada variable, de acuerdo a la evaluación que haga el estratega o el equipo del negocio, según los pasos indicados anteriormente; así también, tenemos el promedio de dichas puntuaciones para cada dimensión.

DIMENSIONES / VARIABLES	PUNTUACIONES
FORTALEZA FINANCIERA (FF)	
Bajo nivel de endeudamiento	6
Buen margen de utilidad (rendimiento)	5
Buen nivel de liquidez en caja (flujo de efectivo)	2
Promedio	4.33
FORTALEZA DE LA INDUSTRIA (FI)	
Mayor acceso y apertura al progresos tecnológico	6
Fácil accesibilidad al mercado	2
Mayor predilección del público por ordenar comida rápida	5
Promedio	4.33
ESTABILIDAD AMBIENTAL (EA)	
Crísis política y económica que se vive en el país	-5
Trabajo remoto de los clientes por medidas ante la pandemia	-2
Amenaza de nueva tercera ola de coronavirus	-5
Promedio	-4.00
VENTAJA COMPETITIVA (VC)	
Buen posicionamiento en el mercado	-2
Calidad del servicio y los productos	-1
Base de datos de clientes con lealtad hacia la marca	-1
Promedio	-1.33
RESUMEN	
Coordenadas vector eje x: (Promedio FI + Pormedio VC)	3.00
Coordenadas vector eje y: (Promedio FF + Pormedio EA)	0.33

Cuadro Nº 8: Matriz PEYEA para venta de comida por delivery.

En la parte inferior del cuadro Nº 8 tenemos el resumen, haciendo el cálculo de sumar los promedios de las puntuaciones correspondientes tanto para el eje de coordenadas "x" como para el eje de coordenadas "y", y su resultado respectivo en la columna puntuaciones en la parte inferior derecha.

El resultado de los promedios de cada una de las coordenadas se muestra en la figura Nº 8 del perfil estratégico resultante de acuerdo con el modelo de matriz PEYEA.

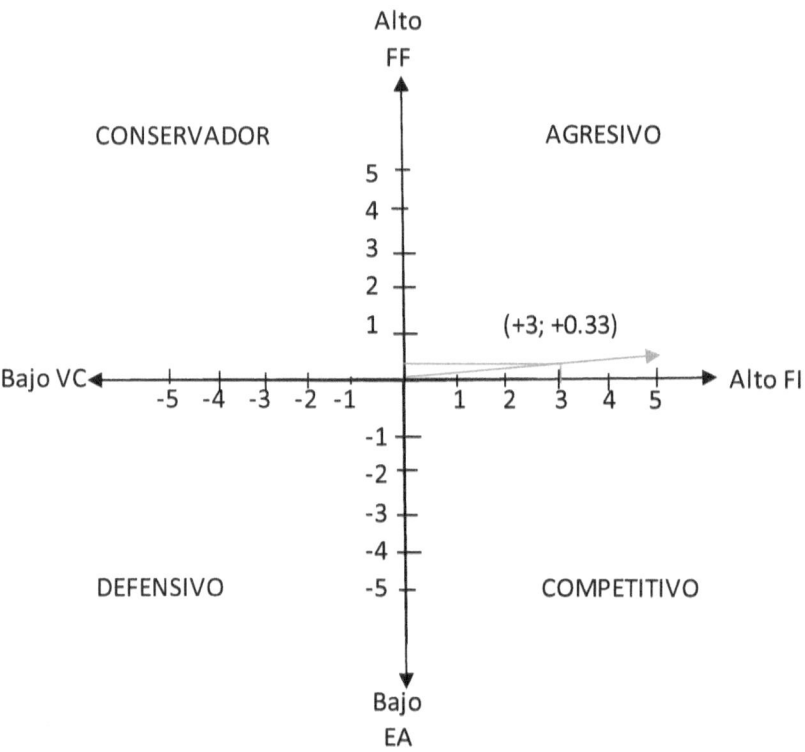

Figura Nº 8: Modelo de matriz PEYEA para negocio venta de comida

Como podemos observar en la figura Nº 8, el resultado para nuestro negocio de comida rápida, es el de seguir un conjunto de estrategias agresivas, ya que le negocio tienen ciertas ventajas competitivas y la industria posee un alto potencial de crecimiento que este debe de saber aprovecharlo, a través, de estrategias centradas en sus potencialidades y fortalezas. Nótese que acá tenemos un caso especial de estrategia agresiva, ya que tenemos un negocio que es pequeño con alto potencial, por lo que, lo conveniente en el uso de las estrategias, será el de ser cuidadoso y sigiloso en el empleo. Recordemos que estas herramientas nos sirven para guiarnos a tomar decisiones.

II.5.3 Matriz de fortalezas-oportunidades-debilidades-amenazas (FODA)

La matriz FODA es una herramienta importante que relaciona y concilia los factores internos y externos más críticos con el desarrollo de 4 tipos de estrategias denominadas: estrategias FO (fortalezas-oportunidades), estrategias FA (fortalezas-amenazas), estrategias DO (debilidades-oportunidades) y estrategias DA (debilidades-amenazas) (David, 2008).

Lograr la conciliación de estos factores requiere gran conocimiento del negocio e intuición, por ello decimos que es un proceso creativo y que la *Dirección Estratégica* es de arte y ciencia a la vez.

Las estrategias FO, también llamadas ofensivas, son las que emplea la empresa utilizando sus fortalezas internas detectadas para aprovechar las oportunidades externas del mercado o la industria donde se encuentra. Existen fortalezas en las empresas que anteriormente pueden haber sido debilidades, que se superaron hasta convertirlas en fortalezas.

Las estrategias FA, también denominadas competitivas, son las que enfrentan, evaden o reducen los efectos de las amenazas externas de la empresa utilizando sus fortalezas internas, inclusive puede haber casos en que las amenazas podemos convertirlas en oportunidades. Generalmente las empresas deben evadir o reducir las amenazas del mercado o industria, pero no siempre, dependiendo del contexto y coyuntura que enfrente cada organización.

Las estrategias DO, llamadas también adaptativas, son las que intentan superar las debilidades internas aprovechando las oportunidades externas del mercado o la industria de la empresa, puede existir casos en los que las debilidades se puedan convertir, con el paso del tiempo, en fortalezas también.

Las estrategias DA, también denominadas reactivas, son las que tratan evitar las amenazas del mercado, intentando superar las debilidades internas de la empresa. Es una estrategia puramente defensiva para la organización. Generalmente, estas empresas que se encuentran en esta situación, son las que se caracterizan por permanecer en *estado de supervivencia*, siendo su situación altamente precaria.

A continuación, en el cuadro Nº 9, se muestra el esquema de una matriz FODA para nuestro ejemplo de la pequeña empresa de venta de comida.

DISEÑO DE LA ESTRATEGIA

		No	OPORTUNIDADES	No	AMENAZAS
		1	Alto nivel de conectividad virtual. Atención debido a la coyuntura del aprovechamiento de la información virtual y el evitar el contacto físico.	1	Cambio de gobierno frente a dos posibilidades que la mayoría de población rechaza.
		2	Sensibilización de la población frente a los impactos de contaminación que estan ocasionando las empresas y países en el mundo.	2	Caida de PBI en -12.5% a diciembre de 2020
		3	Disposición legislativa del congreso de la liberación de los fondos de AFP en máximo 4 uits.	3	Emergencia sanitaria por la pandemia del covid19. Riesgo de tercera ola.
		4	Se tiene muchos proveedores	4	Alta oferta de negocios de comida por delivery
		5	Existen diversos canales de delivery y entrega a domicilio	5	Fácil entrada de nuevos negocios de delivery y comida rápida
				6	Potencial crecimiento del mercado de comida alternativa saludable
No	FORTALEZAS	No	ESTRAEGIAS FO (OFENSIVAS)	No	ESTRATEGIAS FA (COMPETITIVAS)
1	El personal de cocina esta muy bien capacitado brindando platos de excelente calidad, precio y sabor.	1	Enfasis y aprovechamiento, de la mejor forma posible, de todos los canales virtuales para promocionar y vender nuestros productos, de la manera más eficaz y eficiente posible (F1, F2, F3, O1, O3, O5).	1	Mejorar los costos en la elaboración de nuestros productos, de tal manera que ante la crisis no se pierda mucha parte nuestro mercado por recesión (F1, A1, A2, A3, A4, A5).
2	Se cuenta con las todas las plataformas y redes sociales para comunicación y contacto de pedidos.	2	Mejora en los productos de distribución utilizando conciencia ambiental y buena comunicación hacia ello (F1, F2, O2).	2	Identificar potenciales sectores y clientes para ofrecer productos alternativos que vayan acorde con sus exigencias saludables de comida, sin perder el estilo y sabor de nuestra marca caracteristica (F1, F2, F3, A6).
3	Se cuenta con buena base de datos de clientes en los 9 distritos que se atienden.	3	Mejorar la negociación con proveedores para obtener mejores ganancias e invertirlas en la mejora y rapidez de nuestro servicios (F1, F4, O4).	3	
4	La atención de los pedidos es rápida, máximo 45 minutos para entregar los pedidos.	4		4	

(Continua)

Continuación

No	DEBILIDADES	No	ESTRATEGIAS DO (ADAPTATIVAS)	No	ESTRATEGIAS DA (REACTIVAS)
1	Deliverys contratados por modalidad freelance.	1	Generar asociaciones y compromisos de beneficios mutuos con nuestros distribuidaores, de tal manera que se desarrolle eficiencia y puntualidad e nuestros servicios, generando fidelidad para con nuestros clientes (D1, O1, O4, O5).	1	Diseñar promociones, ofertas y descuentos en epocas de crísis, pero que sean ingeniosas y sustentables para el negocio (D2, A1, A2, A3, A4, A5).
2	Falta de experiencia en el personal por ser una empresa nueva.	2	Capacitar continuamente al personal a través de canales organicos y/o utilizando alianzas con beneficios mutuos para mejorar la calidad de nuestro servicio (D2, O1)	2	Tener preparado y listo, para centrarse únicamente en la modalidad virtual de atención en los canales, cuando se presente la crisis económica y sanitaria D2, A1, A2, A3, A4, A5).
3	Falta de capitalización para invertir en mejores equipos de producción y atención.	3	Mejorar los procesos a través de asociaciones, de tal manera que se mejoren los márgenes de utilidad y poder aprovechar nuestra reinversión en la mejora del negocio (D3, O1, O4, O5)	3	

Cuadro Nº 9: Ejemplo de matriz FODA para una pequeña empresa de venta de comida.

Como se muestra en el cuadro Nº 9, tenemos los factores internos y externos plasmados en la matriz FODA y, como habrá podido darse cuenta, hemos utilizado los factores de las matrices de evaluación externa (EFE) e interna (EFI), a partir de allí hemos hecho la conciliación de factores interno-externo y diseñado las estrategias con las combinaciones de factores, sean oportunidades, amenazas, fortalezas o debilidades. Por ejemplo, la estrategia FO (ofensiva) número 1, utilizará las fortalezas F1, F2 y F3, combinadas con las oportunidades O1, O3 y O5.

Una vez más, es muy importante recalcar que, el proceso de diseño de estrategias es un proceso estrictamente creativo y participativo, que requiere altos nivel de esfuerzo y conocimiento del negocio para proponer las mejores estrategias.

En la matriz FODA, podemos observar alternativas de estrategias que pueden ser viables, pero no necesariamente nos indica cuales son las mejores, la finalidad de la matriz es presentar posibles alternativas de estrategias únicamente. Así que, no todas las alternativas expuestas en la matriz necesariamente se implementaran, la matriz no debe considerarse un fin en sí misma, sino como una herramienta de apoyo que ayude a clarificar la selección de estrategias.

Como el lector habrá podido percatarse, existe un grado de correspondencia entre la matriz PEYEA y la matriz FODA. Los perfiles estratégicos de la matriz PEYEA: agresivo, competitivo, conservador y defensivo; corresponden con las estrategias resultantes de la matriz FODA: estrategias FO (ofensivas), estrategias FA (competitivas), estrategias DO (adaptativas) y estrategias DA (reactivas) respectivamente. Ello nos ayudará a seleccionar las estrategias, de acuerdo con el perfil competitivo que nos haya salido resultante.

Entonces, teniendo en cuenta las limitaciones de nuestra matriz FODA, la matriz PEYEA, nos puede ayudar a guiar nuestra elección de estrategias por el perfil resultante que dio su evaluación para nuestro negocio de comida rápida, el cual fue un perfil agresivo, como podrá recordar se mostró en la figura Nº 8, que corresponde con las estrategias FO de nuestra matriz FODA, las cuales se deben tener en cuenta a la hora de implementarse en el proceso estratégico.

Nótese también, que en la figura Nº 8, la inclinación del vector aparece hacia el cuadrante competitivo; así también, podríamos tener en cuenta esa cercanía en la elección de estrategias, entre un perfil agresivo y competitivo, por así decirlo. Aquí, el juicio intuitivo y conocimiento del negocio del estratega y equipo participativo juegan un papel vital en la elección.

II.5.4 Matriz de planeación estratégica cuantitativa (MPEC)

La matriz de planeación estratégica cuantitativa (MPEC), es una herramienta muy usada, que nos va a permitir evaluar, que estrategias diseñadas para nuestro negocio son las más atractivas de seleccionar e implementar (David, 2008).

Para su elaboración utiliza los insumos, puntajes y estrategias de la matriz FODA, matriz EFE y matriz EFI, aplicando ponderaciones que permitan seleccionar alternativas viables. Hay que tener en cuenta también, que no todas las estrategias será necesario evaluarlas con la herramienta MPEC; se debe utilizar el buen juicio para seleccionar las que se puedan incluir en esta herramienta.

En el siguiente cuadro Nº 10, se presenta la matriz MPEC para nuestro negocio de venta de comida rápida, que la elaboraremos de la manera siguiente:

1. Utilice los factores clave de las matrices EFE (cuadro Nº 3) y EFI (cuadro Nº 5) con sus respectivos puntajes relativos y colóquelos en las columnas "factores clave" y "ponderación" de forma correspondiente como se muestra en el cuadro Nº 10.

2. Seleccione las estrategias diseñadas de la matriz FODA (cuadro Nº 9) que desea evaluar y tomar en cuenta, apóyese en los resultados de la matriz PEYEA (figura Nº 8); y colóquelas en la columna alternativas estratégicas del cuadro Nº 10.

3. Determine el grado de atractivo (PA) de cada de uno de los factores clave colocados en la matriz MPEC. Para determinar el grado de atractivo (PA) nos haremos la pregunta: ¿El factor afecta la elección de las estrategias a implementarse? Si la respuesta es sí, entonces puntuaremos el nivel en el que afecta cada factor clave a cada una de las estrategias seleccionadas en la escala siguiente: 1 = no atractivo, 2 = poco atractivo, 3 = razonablemente atractiva y 4 = muy atractiva. Si la respuesta a la pregunta es no (o sea que el factor clave evaluado no tiene ningún efecto sobre la estrategia específica), entonces no se asignan puntuaciones del grado de atractivo sobre el conjunto de las estrategias, colocando cero puntuaciones; es decir, se colocará cero en todas las demás puntuaciones de las estrategias. Nota: No se debe repetir las puntuaciones en las estrategias por cada factor clave.

4. Determine la puntuación total del grado de atractivo (PTA) multiplicando cada una de las ponderaciones (columna "ponderaciones") de cada factor clave por el grado de atractivo asignado (columna "PA") de cada uno de los factores clave. El resultado será el grado de atractivo relativo de cada una de las estrategias, considerando el factor clave interno o externo respectivo. Cuanto más alto el puntaje, la estrategia alternativa relativa al factor clave será más atractiva.

5. Finalmente, determine el total de las puntuaciones del grado de atractivo por cada estrategia seleccionada, sumando las puntuaciones relativas de la columna PTA de cada uno de los factores clave internos y externos respectivos. La suma dará una puntuación total por cada una de las estrategias que indicaran, cuál es la estrategia más atractiva del conjunto y cuál sería el orden de prioridad a tener en cuenta en la implementación.

DISEÑO DE LA ESTRATEGIA

Factores clave		Ponderación	ALTERNATIVAS ESTRATÉGICAS					
			Aprovechamiento, de la mejor forma posible, de todos los canales virtuales para promocionar y vender nuestros productos, de la manera más eficaz y eficiente posible (FO1)		Mejorar la negociación con proveedores para obtener mejores ganancias e invertirlas en la mejora de los servicios (FO3)		Mejorar los costos en la elaboración de nuestros productos, de tal manera que ante la crisis no se pierda mucha parte nuestro mercado por recesión (FA1)	
			PA	PTA	PA	PTA	PA	PTA
Oportunidades								
1	Alto nivel de conectividad virtual. Atención debido a la coyuntura del aprovechamiento de la información de virtual y el evitar el contacto físico.	0.20	4	0.80	2	0.40	3	0.60
2	Sensibilización de la población frente a los impactos de contaminación que estan ocasionando las empresas y países en el mundo.	0.05	0	0.00	0	0.00	0	0.00
3	Disposición legislativa del congreso de la liberación de los fondos de AFP en máximo 4 uits.	0.05	0	0.00	0	0.00	0	0.00
4	Se tiene muchos proveedores	0.11	2	0.22	4	0.44	3	0.33
5	Existen diversos canales de delivery y entrega a domicilio	0.21	4	0.84	1	0.21	3	0.63
Amenazas								
6	Cambio de gobierno frente a dos posibilidades que la mayoría de población rechaza.	0.05	3	0.15	2	0.10	4	0.20
7	Caida de PBI en -12.5% a diciembre de 2020	0.05	2	0.10	3	0.15	4	0.20
8	Emergencia sanitaria por la pandemia del covid19.	0.06	4	0.24	2	0.12	3	0.18
9	Alta oferta de negocios de comida por delivery	0.07	4	0.28	2	0.14	3	0.21
10	Fácil entrada de nuevos negocios de delivery y comida rápida	0.07	4	0.28	2	0.14	3	0.21
11	Potencial crecimiento del mercado de comida alternativa saludable	0.08	3	0.24	1	0.08	2	0.16
	Total	1.00						
Fortalezas								
1	El personal de cocina esta muy bien capacitado brindando platos de excelente calidad y sabor.	0.25	3	0.75	1	0.25	4	1.00
2	Se cuenta con las todas las plataformas y redes sociales para comunicación y contacto de pedidos.	0.25	4	1.00	2	0.50	3	0.75
3	Se cuenta con buena base de datos de clientes en los 9 distritos que se atienden.	0.15	3	0.45	1	0.15	2	0.30
4	La atención de los pedidos es rápida, máximo 60 minutos para entregar los pedidos.	0.15	4	0.60	1	0.15	3	0.45
Debilidades								
5	Deliverys contratados por modalidad frelance.	0.03	2	0.06	1	0.03	4	0.12
6	Falta de experiencia en el personal por ser una empresa nueva.	0.01	3	0.03	2	0.02	4	0.04
7	Falta de capital para invertir en mejores equipos de producción y atención.	0.16	3	0.48	1	0.16	4	0.64
	Total	1.00		6.52		3.04		6.02

PA = Puntuación del grado de atractivo; PTA = Puntuación total del grado de atractivo;
Escala del grado de atractivo: 1 = no atractiva; 2 = poco atractiva; 3 = razonablemente atractiva; 4 = muy atractiva

Cuadro N° 10: Matriz MPEC para negocio de venta de comida rápida
Fuente: Adaptación tomada de Fred R. David. Conceptos de Administración Estratégica, 2008

En el cuadro N° 10, hemos tomado los datos de la matriz EFE, EFI, Matriz FODA, y nos hemos guiado también de la matriz PEYEA, para elaborar la matriz de planeación estratégica cuantitativa (MPEC) para nuestro pequeño negocio de venta de comida rápida.

Como se habrá podido dar cuenta, las alternativas estratégicas seleccionados a evaluar en la matriz MPEC tomadas de la matriz FODA (cuadro N° 9) han sido las estrategias FO1, FO3 y FA1, dejando de lado la estrategia FO2; ya que si tomamos de manera estricta los resultados de matriz PEYEA (figura N° 8), no deberíamos haber excluido la estrategia FO2, lo cual, no siempre ocurrirá de esa manera, al aplicar el juicio crítico.

Esta elección, tiene que ver con factores como: las limitaciones de la matriz FODA, la utilización de la matriz PEYEA como herramienta de apoyo y el uso del conocimiento profundo del negocio e intuición con buena base lógica, que debe tener en cuenta el estratega o equipo en la selección de las estrategias a implementar. Es por ello, el descarte de la estrategia FO2 y la consideración de la estrategia FA1. Recuerden siempre que *Dirección Estratégica* es arte y ciencia a la vez.

Otra consideración a tener en cuenta en la elección de la estrategia FA1 es que en el resultado de matriz PEYEA (figura N° 8) podemos observar que nuestro vector resultante, cuyo resultado fue una estrategia agresiva, es cercano al cuadrante de estrategia competitiva; de tal manera, que las estrategias propuestas en la matriz FODA que corresponde a estrategias competitivas podrían ser evaluadas y consideradas por el equipo, como se puede observar en el ejemplo.

Otra acotación más que podemos observar, son las puntuaciones de cero (0) en los factores clave de O2 y O3 en cada una de las estrategias; y es que, como mencionamos anteriormente, si un factor nos da como resultado que no afecta a la estrategia evaluada, también se tomara en cuenta a todo el conjunto, por lo que las demás tendrán un puntaje cero (0) también.

Aclarando las consideraciones anteriores, el lector podrá observar que, el mejor puntaje la obtuvo la primera estrategia FO1 con 6.52, lo que muestra que es la estrategia más atractiva a implementar teniendo en cuenta la conciliación de factores internos externos clave del negocio, seguida de la estrategia FA1 con 6.02 de puntaje que corresponde al tipo de estrategia competitiva de la matriz FODA y matriz PEYEA.

La elección de la estrategia FA1, como segunda opción, nos muestra que se tiene que tomar en consideración debido a las amenazas de la pandemia y la grave crisis económica que podría avecinarse, y que el equipo no puede descartar.

En resumen, podríamos decir que la elección de la estrategia general de nuestro negocio de venta de comida rápida, estaría determinada por estrategias de perfil competitivo como penetración de mercado, desarrollo de producto y/o desarrollo de mercado (cuadro N° 6); a ello le estaríamos agregando los resultados de la matriz MPEC (cuadro Nº 10) como estrategias específicas descritos en los párrafos anteriores.

No debemos olvidar nunca que, siempre es importante tener en cuenta las particularidades propias del negocio, el contexto, la capacidad intuitiva y el conocimiento profundo del negocio por parte del estratega y/o del equipo de trabajo para la creación y selección de estrategias.

II.6 IMPLICANCIAS PARA EMPRENDEDORES, GERENTES Y EJECUTIVOS

Cuando nos referimos a lo que debemos hacer, ello está directamente relacionado con el proceso de diseño de estrategias dentro de la dirección, el cuál es fundamental para marcarnos el camino que debemos recorrer, de lo contrario podríamos llegar a cualquier lugar que no quisiéramos ir.

Comprender el proceso de diseño de estrategias efectivas es hacer lo correcto, hacer lo que se debe hacer. Como emprendedores o ejecutivos es lo primero por lo que debemos velar en la organización o equipo que dirijamos, esta capacidad de entendimiento en el diseño de estrategias debe ser un continuo dentro de la organización.

Como hemos podido revisar, la elaboración de la Visión y la Misión empresarial es el primer paso para un proceso de diseño de estrategias adecuado. Es fundamental que el estratega lidere, sepa comunicar y hacer participar adecuadamente este proceso, ya que de ello dependerá que el equipo sepa realizar actividades teniendo presente hacía donde nos dirigimos y que es lo que hacemos para nuestra empresa. Es responsabilidad directa del estratega garantizar la debida comunicación y participación.

De la misma manera, el análisis interno y externo debe ser participativo en la medida de lo posible, de tal forma que sea los más realista y democrático posible, pisando la realidad actual que afecta nuestro negocio tanto a lo interno como externo. Es importante la participación activa del estratega porque a partir de allí se optarán por los objetivos a largo plazo y las estrategias, tanto generales o genéricas a través de la matriz PEYEA, como más específicas con la matriz FODA y la matriz MPEC.

El emprendedor o ejecutivo debe saber que, cualquiera sea el tamaño del negocio, estos poseen funciones vitales que debe ejecutar para realizar sus actividades tales como la administración, marketing, finanzas y contabilidad, operaciones, investigación y desarrollo, y los sistemas de información gerencial. Y el análisis interno que ve estos aspectos es vital para la salud de la empresa. Es como el diagnostico de un médico sobre su paciente.

Estos aspectos vitales de las organizaciones, son una obligación del estratega conocerlos muy bien, por lo menos en sus aspectos más generales, ya para la profundización técnica, puede contar con un equipo especializado, al que podemos denominarlo equipo maestro. Pero, siempre es importante que conozca de manera general, al menos lo más importante, para evitar el riesgo de no dejarse sorprender, tomar mejores decisiones y evitar las malas. Un estratega estará muy bien equipado en su capacidad, cuando conoce bien su negocio y conoce las funciones vitales de su empresa.

En el caso de las pequeñas y micro empresas, estas actividades se pueden fusionar o compartir con equipos o responsables y en otros casos se externalizan a través de otras empresas o especialistas de acuerdo al tipo de empresa y el contexto en que se encuentre esta.

Como vemos la participación y responsabilidad de los emprendedores o ejecutivos es directa, activa y fundamental para el éxito en el proceso de diseño de las estrategias. Por ello, es crítico que se logre comprender el proceso y los conceptos primordiales que deben manejar los estrategas para ejercer un liderazgo efectivo que genere resultados en su organización.

Visión sin acción es un sueño;
acción sin Visión es una pesadilla
Adagio coreano

CAPITULO III

IMPLEMENTACIÓN DE LA ESTRATEGIA

Solo tiene que hacer unas pocas cosas bien…
siempre y cuando no haga demasiadas cosas mal.
Warren Buffett

Edward Deming, padre del milagro japonés, decía que el 85% de los resultados es responsabilidad de la parte directiva y solo el 15% de la responsabilidad pertenece a la parte operativa; y por ello es importante, para un emprendedor o ejecutivo, entender que la estrategia no es una tarea delegable a terceros, sino que es una tarea crítica y fundamental que requiere un liderazgo activo de quienes toman las decisiones por el impacto en los resultados; si lo hacemos bien, así tengamos personal operativo terriblemente mediocre –cosa algo improbable- ya tendríamos asegurado el 85% de los resultados, por decirlo de alguna manera.

Ese 85% que describe Deming, se refiere efectivamente a la ejecución activa, a través del liderazgo del diseño, implementación y evaluación de la estrategia; lamentablemente la mayoría de líderes y emprendedores no lo entienden así, por falta de conocimiento o cinismo seguramente. Como dice un antiguo adagio chino: *"El pescado se empieza a pudrir por la cabeza, y cuando la cabeza se mueve, la cola se menea"*.

IMPLEMENTACIÓN DE LA ESTRATEGIA

Lo que debemos tomar en cuenta para la implementación correcta de la estrategia es que, si no se ha comprendido correctamente el *pensamiento estratégico* y no existe un compromiso genuino de todo nuestro equipo, la implementación será una pérdida total de tiempo.

Por ello, debemos ser plenamente conscientes de que, si vamos a realizar el diseño de estrategias, utilizando correctamente el *pensamiento estratégico*, debemos de garantizar su adecuada implementación, de lo contrario solo estamos desperdiciando los recursos y divagando en el potencial fracaso, tarde o temprano, de nuestro negocio. El involucramiento y la participación activa del estratega es vital para el éxito de la implementación, es un absurdo pedir compromiso al equipo sin la participación e involucramiento de la parte directiva.

Así que, para una implementación adecuada, es vital el liderazgo activo del directivo para el compromiso de todo el equipo. De esta manera, lo han hecho todos los líderes exitosos que han trascendido con sus resultados, lo hace Jeff Bezos, lo hizo Steve Jobs, lo hace Elon Musk –fundador de SpaceX-, lo hace Richard Branson -dueño de Virgin Group-, lo hizo Jack Welch-ex director general de General Electric, claro que le tomo 10 años- y muchos más, cada quién a su fiel estilo particular obviamente, pero todos tomaron liderazgo activo con visión estratégica ejecutiva.

En la figura N° 9, observamos la fase resaltado en amarillo que corresponde a la implementación de las estrategias de nuestro modelo de proceso de *Dirección Estratégica* CJM Consulting.

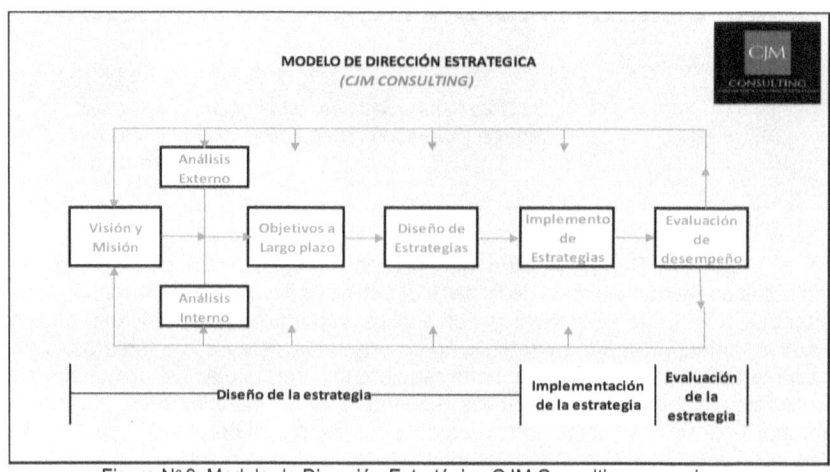

Figura N° 9: Modelo de Dirección Estratégica CJM Consulting para mipymes
(Implementación de Estrategias)
Fuente: Adaptación tomada de J.L. Bazán Briceño. Administración Estratégica, 2016

Teniendo en cuenta lo antes mencionado, lo siguiente para la implementación de nuestras estrategias serán las cuestiones de la administración que, en la mayoría de las micro y pequeñas empresas, por su tamaño, se ejecutan a través de sus estrategas y/o algún personal operativo(s); en el caso de las medianas empresas, existe la delegación a personal encargado como gerentes o jefes. En el caso de las medianas empresas es importante, como ya se ha mencionado anteriormente, que los gerentes de división deben participar activamente en el diseño y ejecución de las estrategias a ejecutar en la empresa, de tal manera que se logre el compromiso necesario de los equipos de trabajo.

Los temas de administración que se deben tener en cuenta son (David, 2008):

III.1 OBJETIVOS ANUALES

Los objetivos anuales implican la participación activa y compromiso de todos los miembros del equipo, deben estar correctamente alineados con el o los objetivos de largo plazo de nuestro negocio, debe existir coherencia en los mismos.

Por los objetivos anuales nos vamos a permitir la asignación de nuestros recursos, la evaluación de nuestro personal, verificar el progreso hacia nuestro objetivo(s) a largo plazo y nos ayudará a establecer las prioridades necesarias para alcanzarlos, utilizando correctamente la *reducción de enfoque*. Al igual que los objetivos a largo plazo deben de ser medibles, consistentes, realistas, desafiantes, claros y compartidos por todo el equipo y personal de nuestra empresa. Deben ser precisos en definir cantidad, calidad y tiempo.

Es importante demostrar al personal la importancia y valor que le damos a los objetivos a través de una correcta vinculación de recompensas para el personal; de esta manera lograremos hacer que se comprenda lo esencial y vital que es para nosotros tener éxito en la implementación de la estrategia.

Para plantearnos los objetivos anuales es muy importante que tomemos en cuenta nuestro objetivo a largo plazo y tener en cuenta la *reducción de enfoque*, ya que plantearse muchos objetivos anuales a la vez generan muy poco impacto en los resultados por no poder lograrse todos a la vez, lo que genera que se hagan a medias y/o se desperdician recursos. Como ya hemos mencionado anteriormente, la idea en la *reducción de enfoque* es plantearse lo necesario y concentrar todos los recursos y esfuerzos en lograrlos, de esa manera generaremos el impacto deseado.

En la figura Nº 10, podemos observar un ejemplo del planteamiento de objetivos anuales, tomando en cuenta el objetivo a largo plazo hacia el cuál va a contribuir cada uno de los objetivos planteados.

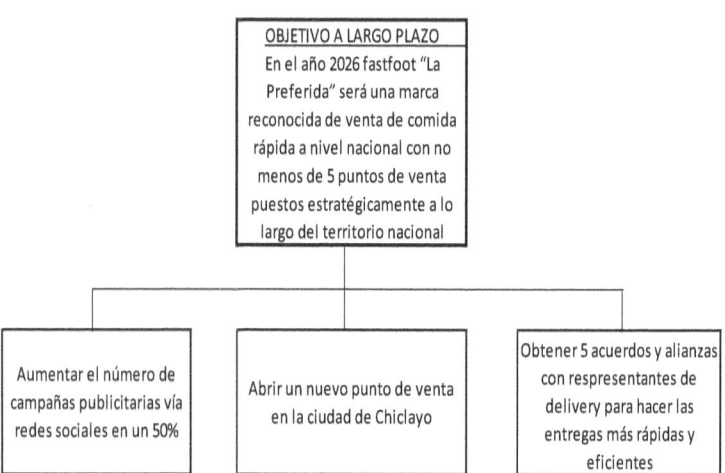

Figura N° 10: Objetivo a largo plazo y objetivos anuales.

Como usted puede ver en la figura N° 10, los objetivos anuales deben contribuir y estar claramente alineados al gran objetivo de largo plazo de que en 5 años el negocio de venta de comida cuente con 5 puntos de venta en el territorio nacional. Conforme se logren los objetivos anuales se ira contribuyendo al gran objetivo de largo plazo.

El psicólogo húngaro Mihaly Csikszentmihalyi escribió un libro sobre la psicología del proceso empresarial (energía psíquica), denominado "Fluir en los negocios"[23], donde nos habla sobre los retos y las habilidades de las personas, lo cual es importante mencionar y tener en cuenta en este apartado.

En la figura N° 11, se muestra el modelo de la dinámica del fluir, en donde se tienen retos frente a habilidades. En cuánto sepamos equilibrar nuestras habilidades con nuestros retos planteados, podremos experimentar la experiencia del fluir en el trabajo, los negocios y en la vida.

---

[23] *Véase Mihaly Csikszentmihalyi, Fluir en los Negocios (2003).*

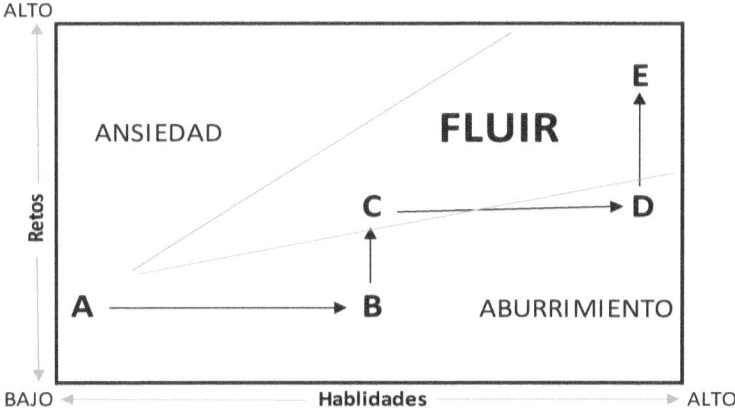

Figura Nº 11: Modelo de la dinámica del fluir en los negocios
Fuente: Mihaly Csikszentmihalyi. Fluir en los Negocios, 2003

Como usted podrá apreciar en la figura Nº 10, al enfrentar retos frente a habilidades, la experiencia en el punto A, puede considerarse una experiencia inicial, en donde tenemos un reto frente habilidades casi nulas.

Luego, conforme adquirimos experiencia y nos capacitamos podemos ubicarnos en el punto B, en donde nuestras habilidades se han incrementado y los mismos retos ya no están a la altura; generándose un cuadro de aburrimiento en la persona lo que puede ocasionar apatía, dejadez, abandono, pusilanimidad, pereza, desmotivación, entre otras consecuencias psicológicas y laborales.

Si incrementáramos el nivel de reto, nos ubicaríamos en el punto C, donde probablemente el nuevo reto estaría a la altura de nuestras habilidades, luego al mejorar estas, con mayor experiencia y preparación, pasaríamos al punto D, donde nuevamente se iniciaría el ciclo de aburrimiento, con el riesgo de las consecuencias ya descritas.

En el punto E, nuevamente estaríamos con nuevos retos y nuestras habilidades a la altura de los mismos; este ciclo, gestionándolo adecuadamente, se iría repitiendo sucesivamente, generándose un crecimiento virtuoso, en donde las experiencias motivadoras y retadoras se encuentran en los puntos C y E o cercanos a ellos y entre las líneas oblicuas azules. A esta experiencia ubicada en los puntos C y E, Csikszentmihalyi lo denominó fluir en la vida y por ende en los negocios, que es un estado donde la persona se encuentra comprometida, motivada e identificada con las actividades y los logros que se plantean en el trabajo.

En el gráfico también, como se habrá podido dar cuenta, tenemos al otro extremo del aburrimiento que es la ansiedad, es justamente el efecto contrario dónde los retos son muy elevados y las habilidades nulas o muy pocas; lo único que se conseguirá en estos puntos es que en la persona genere ansiedad, ocasionando estrés, alerta extrema, modo supervivencia, riesgo de enfermedades, abandono del puesto, inestabilidad laboral, entre otras consecuencias graves.

El concepto de fluir planteado por Csikszentmihalyi, es a lo que denomino *crecimiento escalonado*, en donde nos planteamos retos y metas que podamos cumplir, cuando las logramos estaremos mejor preparados y capacitados para platearnos nuevos retos y metas que nos permitirán crecer aún más y, así sucesivamente, generándose un crecimiento virtuoso en donde lo que logras te sirve de mayor impulso y es el seguir creciendo.

El *crecimiento escalonado* o el fluir, lo podemos aplicar a la empresa, al equipo, al personal, y a nosotros mismos; ya que nuestras metas como emprendedores, como equipos o como personal deben guardar coherencia y sintonía con los de nuestra organización, van de la mano.

Como líderes y estrategas, es muy importante entender las consecuencias graves de no comprender y aplicar bien el crecimiento escalonado, tanto para nuestro equipo, personal, como para nosotros mismos. Así como, los grandes beneficios de aplicarlo cuando planteamos y determinamos objetivos anuales, lo cuáles deben estar a la altura y en pleno equilibrio entre las habilidades que tenga nuestro equipo y/o el personal con los retos, metas y objetivos programados.

Por ello se recalca que los objetivos anuales deben ser retadores sí, pero también realistas y estar a la altura de lo que se pueda alcanzar; de lo contrario, generaremos frustración, ansiedad, apatía, aburrimiento e inestabilidad que pueden costar mucho a nuestra organización.

III.2 POLÍTICAS

Las políticas vienen a ser guías, métodos, procedimientos, reglas, formas y prácticas administrativas que se diseñan para impulsar el logro de las metas; son instrumentos útiles para la implementación de las estrategias y consecución de nuestros objetivos, clarifican que se puede y no se puede hacer en la búsqueda de nuestros objetivos y guían la conducta de nuestro personal.

Las políticas permiten que el personal sepa lo que se espera y no se espera de ellos, aumentando la probabilidad de que se implementen correctamente las estrategias. Pueden existir políticas que se apliquen para todo el personal de la organización, como también pueden existir políticas que sean específicas para determinadas áreas, departamentos o equipos, según el contexto y tamaño de la organización.

Las políticas deben irse consolidando y formalizando conforme nuestra empresa vaya desarrollándose, según la necesidad de la misma. Debemos de priorizar que políticas son necesarias y definirlas ineludiblemente por escrito para que podamos cumplir con nuestro trabajo.

Ejemplos de políticas:

- ✓ Política de horarios: nuestro local abrirá en horario corrido de 8 a.m. a 8 p.m. y domingos de 9 a.m. a 3 p.m.
- ✓ Política de atención: todas las atenciones de nuestro personal sean por canal presencial o virtual será en orden estricto a nuestro "código básico de atenciones".
- ✓ Política salarial: se otorgará bonificaciones por 10% de su salario a todo el personal por el logro de sus metas mensuales y de un bono adicional de fin de año por el logro de la meta anual de equipo por un 12% de su salario básico.

III.3 ASIGNACIÓN DE RECURSOS

Los recursos, sean físicos, humanos, tecnológicos o financieros; deben asignarse siguiendo las estrategias y objetivos anuales diseñados, sin desviarse por intereses políticos y/o personales que terminan haciendo mucho daño a la organización Los recursos se deben canalizar disciplinadamente hacia el logro de los objetivos anuales establecidos. Su importancia es crítica para lograr resultados satisfactorios.

Cuando aplicamos *reducción de enfoque,* no debemos permitir que la asignación de nuestros recursos se distraiga por factores como las miradas extremas y puramente cortoplacistas de los resultados, objetivos y metas poco claras, políticas organizacionales contradictorias o mal elaboradas, el miedo a asumir riesgos y el escaso conocimiento con el que se cuenta. Debemos tener en cuenta de no caer en estas trampas[24].

Es importante saber también, que la mayoría de emprendedores, ejecutivos y gerentes -así como gran parte de los trabajadores- confunde demasiado las actividades estratégicas con las actividades operativas dentro de sus organizaciones, creyendo que estas últimas son las más importantes de realizar -el día a día-; dejando de lado las actividades de planeación e implementación de las estrategias a largo plazo, siendo ello un juego peligroso que conlleva a que las empresas se estanquen -en el mejor de los casos-, ya que únicamente se están dedicando a actividades corrientes sin tener la mayor visión de crecimiento y desarrollo, a través de estrategias bien planificadas e implementadas. En otras palabras, dejan de lado el *pensamiento estratégico*.

Debemos tener muy en claro, de no caer en la trampa del día a día -consciente o inconsciente-, lo cual no debe impedir la asignación correcta de nuestros recursos para aplicar las estrategias diseñadas que nos permitan mejorar, crecer y desarrollar.

---

[24] *Recordar la pirámide de alineamiento estratégico del capítulo 1.*

II.3.1 Matriz de priorización

Para comprender mejor la priorización de acciones y de asignación de recursos, en la figura Nº 12 se presenta una matriz de priorización de acciones, valga la redundancia, en la que podemos observar la importancia de tener en cuenta como asignamos, implementamos y ejecutamos recursos y acciones entre lo que es urgente y lo que es importante.

IMPORTANCIA			
Alta	Vigilancia estratégica Dueño, gerente o administrador Analizar incremento de urgencia (Nivel 2)	Acciones prioritarias Dueño, gerente o administrador Implementación y evaluación continua (Nivel 1)	
Baja	Irrelevancia de ejecución (Nivel 4)	Delegar prioridad a nivel operativo (Nivel 3)	
	Baja	Alta	URGENCIA

Figura Nº 12: Matriz de priorización de acciones y recursos
Fuente: Adaptación tomada de José María Sainz. El plan estratégico en la práctica, 2012.

Como podemos observar en la figura Nº 12, las decisiones de importancia alta y urgencia alta (cuadrante superior derecho) es de responsabilidad exclusiva del dueño de negocio (MIPYME), gerente o directivo; así como su implementación, seguimiento y evaluación continua, no debe distraerle otras actividades ni asignaciones de recursos que no sean de esta importancia y urgencia. Son acciones prioritarias de nivel 1 de prioridad.

Pero también podemos observar que existen decisiones que pueden ser de importancia alta, pero no tan urgentes (cuadrante superior izquierdo); estas decisiones y asignaciones también compete a la parte directiva y debe de vigilarse el incremento de urgencia para que pasen al cuadrante de la derecha y priorizarlas de la misma manera. Son acciones de vigilancia estratégica nivel 2 de prioridad.

En el cuadrante inferior derecho se encuentra las decisiones operativas delegadas a nivel funcional de menor importancia y urgencia alta, delegándola para dedicarnos a lo más importante, pero no por ello hay que dejar de darles seguimiento y vigilancia. Es necesario en este cuadrante saber delegar correctamente al equipo con el que trabajamos. Son acciones de prioridad operativa nivel 3.

Y finalmente, en el cuadrante inferior izquierdo se encuentran las decisiones que no son prioritarias, sin urgencia ni importancia y que pueden convertirse en ladrones de tiempo, en el que muchos ejecutivos y emprendedores pueden caer, se debe tener especial cuidado con ellas. Son acciones de nivel 4 irrelevantes.

La matriz de priorización de decisiones funciona mejor cuando se nos presenten casos de decisiones numerosas sobre planes de acción o acciones que debemos seleccionar y priorizar, de acuerdo con las valoraciones de importancia y urgencia que mencionados anteriormente; de esta manera, podremos asignar y priorizar, de forma óptima, recursos, como los financieros, a través de la asignación de presupuestos.

En la figura Nº 13, observamos una matriz guía de priorización basada en lo anterior, en donde le agregamos valoraciones, tanto a la urgencia como a la importancia; de baja, media y alta. Dividiéndola en 9 cuadrantes de la letra "A" a la "I", y de arriba hacia abajo en orden de prioridad. También se le ha asignado una clasificación de presupuesto por prioridad tipo 3 (100%), tipo 2 (75%) y tipo 1 (50%).

Esta matriz nos podrá servir de guía para la toma de decisiones, sean planes de acción o acciones, y la asignación de los recursos a ejecutar, asignándole la prioridad que le corresponde a cada decisión, plan o acciones a tomar en nuestro negocio. Como se puede observar en la figura Nº 13 el orden de prioridad será de derecha a izquierda y de arriba hacia abajo.

En el cuadrante A vamos a ejecutar los planes o acciones más importantes, son de ejecución necesaria y prioritaria, a este tipo de decisiones debemos asignarle todo el presupuesto necesario para su ejecución (tipo 3 – 100%), ya que son las más urgentes y las que van permitir cumplir con las estrategias y objetivos propuestos en la fase de diseño, con los mejores resultados.

En el cuadrante B tenemos planes de ejecución necesarios de urgencia media, donde deberíamos centrarnos en las acciones más prioritarias si es que las hubieran. El presupuesto asignado también debería ser de prioridad nivel 3 (100%).

Los planes o acciones que sean de importancia alta, pero de urgencia baja se ubicarían en el cuadrante C, siendo de ejecución prioritaria por su importancia y de asignación presupuestaria tipo 3 (100%).

En el cuadrante D, la ejecución es menos prioritaria que en A y B, pero con respecto a B, es necesario evaluar que puedan existir acciones con la misma prioridad que D, y entonces podríamos asignar a esa acción presupuesto con la misma prioridad que a B. En el caso de C, que pueden existir planes de acción con mayor urgencia, se evaluará si se da prioridad a los planes en C o en D.

En los cuadrantes E y F ubicaremos los planes de menor priorización que los del D, por ser los menos urgentes, de media y baja respectivamente. Si hubiera más acciones debemos evaluar las más prioritarias para asignar presupuesto con prioridad tipo 2 (75%).

Finalmente, en los cuadrantes G, H e I están los planes o acciones de importancia más baja, evaluar si existen acciones de prioridad que pudieran considerarse de mayor importancia para ejecutar con presupuesto tipo 1 (50%).

URGENCIA →

	C	B	A
A L T A	De ejecución necesaria, centrandonos en las acciones más prioritarias. Prioridad presupuestraria 3 (100%).	De ejecución necesaria, centrandonos en las acciones más prioritarias. Prioridad presupuestaria 3 (100%).	De ejecución prioritaria para el negocio, del plan de acción en su integridad, con el máximo presupuesto posible (3) 100%.
	F	**E**	**D**
M E D I A	Necesidad de ejecución menor que A, B, C, D y E. Detectar acciones más prioritarias. Prioridad presupuestaria 2 (75%)	Necesidad de ejecución menor que A, B, C y D. Detectar acciones más prioritarias. Prioridad presupuestaria 2 (75%)	Ejecución menos prioritaria que A y B. Evaluar si hay acciones que tengan la misma prioridad que B y/o más que C. Prioridad presupuestaria 2 (75%).
	I	**H**	**G**
B A J A	"No pasa nada" si no se ejecuta el plan de acción (analizar si existen acciones clave). Prioridad presupuestaria 1 (50%).	Analizar las acciones clave. Prioridad presupuestaria 1 (50%)	Prioridad presupuestaria 1 (50%)
	BAJA	MEDIA	ALTA

↑ IMPORTANCIA

Figura N° 13: Matriz de priorización presupuestaria.
Fuente: José María Sainz. El plan estratégico en la práctica, 2012.

Sabemos cómo emprendedores (MIPYMES) o ejecutivos, que uno de los recursos más escasos con los que contamos son los recursos financieros, los cuales, son muy limitados y es necesario utilizarlos de la mejor manera posible (óptima). Es allí donde radica la importancia de la matriz de priorización presupuestaria, ya que nos va a permitir discernir a qué acciones asignamos más presupuesto que otras.

Así también, ante esta limitación presupuestaria y la falta recursos, cuando se hagan los recortes la mejor forma de empezar será desde abajo hacia arriba y de izquierda a derecha; es decir empezaremos por los cuadrantes I, H, G y en ese orden continuamos. Es una excelente herramienta que guía la priorización de los recursos y las acciones para lograr la mejor eficiencia posible.

III.4 ESTRUCTURA ORGANIZACIONAL

La estructura organizacional de una empresa, definitivamente influye en la ejecución de la estrategia; así como también, la implementación de determinadas estrategias, requieren que la estructura organizacional de la empresa cambie para garantizar su correcta ejecución en post de los objetivos planteados.

Las estructuras de las organizaciones son como las estructuras biológicas humanas, es decir cambian y se modifican continuamente conforme al ambiente y las decisiones que se toman para la supervivencia. De la biología tenemos mucho que aprender para poder comprender mejor cómo funcionan las organizaciones.

Debemos entender que, cuando hacemos crecer nuestro negocio, llevándolo paso a paso nivel tras nivel encontrado, tendremos que tomar decisiones de cambio en nuestra estructura que respondan a los nuevos retos y estrategias que se presenten. Hacer crecer una organización es utilizar el arte de saber cambiar y aprender constantemente, y el cambio genera incomodidad; tal vez, es por ello que muchos directivos se resisten a entender la planeación estratégica en su verdadera plenitud, el problema es que se engañan a sí mismos y su fracaso solo es cuestión de tiempo.

He visto organizaciones que, a pesar de tener el pensamiento muy poco orientado de manera estratégica siguen creciendo, respaldando la idea de que el planeamiento es solo un tema burocrático relegado a un papel que se cumple solo de forma; pero este "crecimiento", solo es porque los mercados en los que se encuentran aún están holgados y dispersos, creando una falsa ilusión de crecer sin necesidad de involucrarse profesionalmente en el planeamiento estratégico. Michael Porter decía que, cuando la industria está en el boom del crecimiento hacia arriba, hasta el más inútil que allí entre puede convertirse en un genio exitoso; ello habla mucho de holgura dispersa con poca competencia[25].

---

[25] Véase Michael Porter, Ser Competitivo (2008).

Los cambios en la estructura organizacional deben entenderse como mejoras para responder a los cambios continuos en el ambiente, y hoy más que nunca nuestra realidad es cada vez más retadora, globalizada y cambiante que antes, debido al desarrollo tecnológico y el derrumbe de las barreras globales de los mercados en donde cada vez los retos son mayores.

Lo ideal es que nuestras estructuras organizacionales, deberían tener la capacidad para poder responder y dar seguimiento de manera adecuada a las estrategias diseñadas. No es posible concebir una estructura organizacional efectiva, sin que no exista una razón de ser (Misión) para la empresa y una estrategia correctamente diseñada, es por ello la importancia crítica del diseño de la estrategia.

Al igual que en una gestión estratégica empresarial efectiva, se genera un *circulo virtuoso de crecimiento*; podríamos decir, que la respuesta de las estructuras organizacionales a las estrategias en su crecimiento, también cumple un circulo virtuoso, como se muestra en la figura Nº 14.

Lo que muestra la figura Nº 14, es que las organizaciones están en continuo cambio y adaptación de sus estructuras organizacionales para poder responder a las exigencias que les impone el ambiente, de esta manera se van renovando continuamente, de lo contrario desaparecen. No debemos dejar de lado y ser conscientes de este ciclo de crecimiento en nuestros negocios, muy parecido al círculo de crecimiento que genera el proceso de *Dirección Estratégica* en el desarrollo de todas sus etapas.

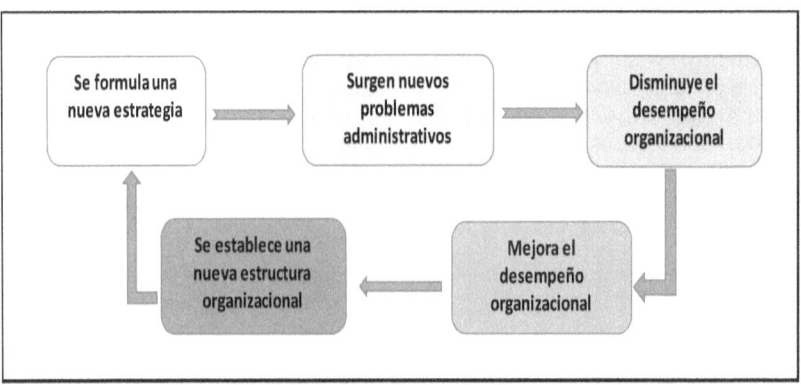

Figura Nº 12: Relación entre la estructura y la estrategia
Fuente: Fred R. David. Conceptos de Administración Estratégica, 2008

Para el caso de las MIPYMES, como son empresas pequeñas y emergentes, la mejor opción que tienen es la de estructura funcional (centralizada) y para el caso de algunas empresas medianas lo pueden hacer divisionalmente. Existen otras formas de estructuración organizacional como la matricial y por unidad estratégica de negocios, pero estas mayormente se adaptan, en mejor medida, a las grandes empresas por su magnitud y tamaño. Como hemos mencionado anteriormente, no es objeto de este libro ocuparse de las grandes empresas, la mayoría de lo mejor de la literatura académica está desarrollada en base a estas y para estas.

III.4.1 Estructura funcional

La estructura funcional se organiza en actividades o acciones, como su nombre lo indica, por funciones que pueda desarrollar el negocio, ya sea producción, operaciones, marketing, ventas, finanzas, contabilidad, investigación y desarrollo y los sistemas de información gerencial.

Es una de las estructuras más adecuadas y utilizadas para las pequeñas y microempresas, por ser la más sencilla y básica que se adapta muy bien a su tamaño. Este tipo de estructuras también promueve la especialización del trabajo, el uso eficiente de las capacidades de los trabajadores, tanto a nivel técnico como gerencial y permite la toma de decisiones de forma dinámica.

En cuanto a sus desventajas, podríamos decir que fomenta el aburrimiento, debido al encasillamiento que puede sufrir el trabajador con la alta especialización, lo cual conlleva a frustraciones y por ende disminuir el rendimiento.

Otra desventaja es que, podría volverse ultra inquisidora por obligar a los trabajadores a rendir cuentas a los niveles superiores descontroladamente, cayendo en una microgerencia que minan la moral del personal, generando conflictos, deficiente delegación de responsabilidades y una inadecuada gestión de los servicios, productos y enfoque de los mercados.

Debemos tener en cuenta, que este tipo de estructuras regularmente llevan a la empresa a tener un pensamiento rígido y cortoplacista, que neutraliza la Visión que se pueda tener de la empresa como un todo sistémico o un engrane de crecimiento, que justamente es parte de pensamiento estratégico; lo cual debemos evitar, ya que ello genera conflictos entre el personal y las áreas. Entonces, resulta crítico ser plenamente conscientes de ello.

Como bien lo señala Fred R. David en un ejemplo en el que el encargado de investigación y desarrollo se centra en el diseño para lograr elegancia técnica, mientras que el de producción aboga por diseños sencillos que se puedan producir en serie, ello puede generar el conflicto y choque de intereses, lo cual meya los propósitos de la organización[26].

Cómo mipymes, insisto que, es importante ser conscientes de estos potenciales conflictos, debido a que la estructura misma podría prestarse para

---

[26] Véase Fred David, Conceptos de Administración Estratégica (2008).

problemas de esta naturaleza; y lograr articularla de manera coherente, a través de la planeación, el diseño los objetivos y estrategias de cada área o equipo.

Un buen ejemplo de ello, podría ser que marketing tiene que determinar el requerimiento que exige el mercado en producto y diseño, de tal manera que esa información, la disponga el equipo de investigación y desarrollo para realizar el diseño y prototipo para que, posteriormente, el área de producción proceda a realizar la elaboración del producto mínimo viable(PMV) para fase de prueba. Las funciones y responsabilidades deben estar bien delimitadas.

Un área, equipo o colaborador, debe conocer que su trabajo y responsabilidad termina donde inicia la responsabilidad y trabajo de la otra área, equipo o trabajador con quienes coordina. De esta manera, se opera como una orquesta sinfónica en donde cada uno sabe y toca su instrumento dentro del mismo compas, partitura y melodía a la orden y dirección de su director -estratega-.

Otro detalle importante en este aspecto, para evitar estos conflictos, es que no debemos delegar o restarle importancia a la selección del equipo (personal) con el que vamos a trabajar, que es uno de los errores que se cometen muy a menudo. En la selección de equipo, a lo primero que debemos de validar y darle mayor importancia es a la *sintonía cultural* que tiene nuestro aspirante con la cultura propia de nuestra empresa; es decir, que nuestro aspirante debe de compartir, entender y comprender nuestros valores, principios y nuestra Misión empresarial, debe existir una sintonía palpable y notoria entre este y nuestra empresa. Dejar de lado esto, contribuye mucho en los conflictos y la falta de comunicación entre los equipos y/o responsables, seleccionando colaboradores que se vuelven verdaderos dolores de cabeza en las compañías.

La *sintonía cultural* es el primer filtro (crítico) que debemos de realizar, luego ya evaluaremos la aptitudes y capacidades técnicas que posea. La mayoría de empresas cometen el error hacerlo al revés, de delegar la selección, de evaluar prioritariamente las capacidades técnicas y de dejar en último plano las actitudes, valores, principios, y visión que posee el aspirante; y que deben sintonizar con nuestra organización.

Es mejor tener un trabajador promedio, pero con muy buena actitud y *sintonía cultural* con nuestro equipo o negocio, porque puede aprender constantemente y mejorar; que tener un genio con pésimas actitudes, sin ningún tipo de sintonía con la empresa, que va a generar conflictos en cualquier parte de la organización. Los conocimientos pueden aprenderse, la actitud es muy costosa. Como alguna vez mencione en un artículo escrito para un periódico piurano con el título: "*actitud mata talento*", donde recalco que la actitud puede ser tan poderosa que llega a vencer al talento innato en el ser humano.

En la figura Nº 13, tenemos una estructura funcional básica de una pequeña empresa, como mencionamos anteriormente, en donde podemos dividir por funciones, que se realicen entre responsables de equipos de producción, de marketing e investigación y desarrollo. Los equipos pueden estar formados por una persona única, conformando cada uno de los responsables un equipo de trabajo.

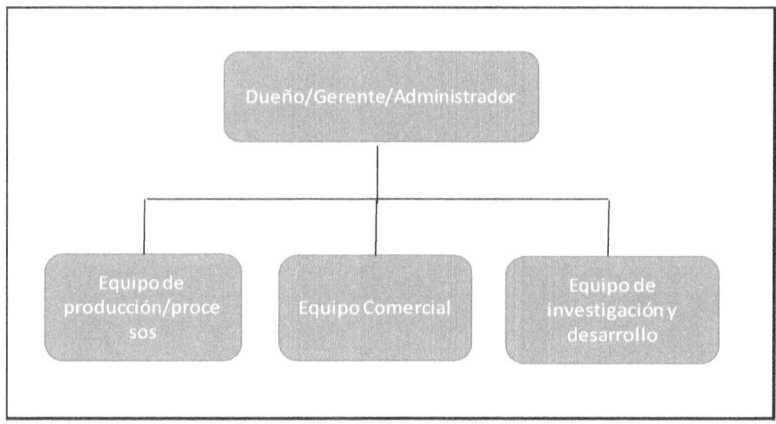

Figura nº 13: Estructura funcional básica.

En muchos negocios MIPYMES, la contabilidad y las tecnologías de información lo tercerizan con profesionales especializados que le ofrecen sus servicios, existiendo generalmente casos en las medianas y sobre todo en las grandes empresas, que consideran mejor tener control sobre el departamento, creando una unidad de Contabilidad y Finanzas y otra de Tecnologías de Información al interno de la misma. La gestión de recursos humanos lo asume la gerencia o administración.

Los sistemas de gestión gerencial se controlan desde la unidad más alta, ya que son los mecanismos que nos permitirán realizar, el monitoreo y seguimiento de si se ha logrado alcanzar eficacia y eficiencia en la ejecución de las actividades, esto es de responsabilidad directa del responsable más alto de la empresa. Existe, sobre todo en grandes empresas, que esta tarea la delegan a un área especial, encargada de hacer todo lo operativo referente a la medición y evaluación de indicadores, manteniendo al corriente a la alta dirección, esto generalmente se debe a su tamaño y los grandes mercados que manejan.

En el caso de las micro y pequeñas empresas, como son empresas emergentes, el fundador toma las riendas de muchas funciones según su capacidad, tamaño del negocio, presupuesto, contexto y delegando o tercerizando en otras. Se convierte en lo que muchos denominan "*hombre orquesta*" que inicialmente empieza tocando todos los instrumentos y conforme va creciendo en su emprendimiento va delegando, creando equipos y en ese orden áreas o departamentos que permitan una mejor eficacia y eficiencia; convirtiéndose de esta manera en medianas empresas con un potencial de crecimiento mayor.

Es necesario aclarar que la fase de "*hombre orquesta*" es solamente inicial, ya que la idea es que las estrategias y objetivos se cumplan y el negocio crezca. Muchos emprendedores cometen el error de creer que la fase de "*hombre orquesta*" es la mejor manera hacer más eficiente el negocio, dedicándose esclavizadamente al mismo, ya que todas las tareas en las que se ocupan no le dan abasto de tiempo, generándose un estancamiento, alimentando el estrés y viviendo en *modo de supervivencia* (el día a día es lo primero).

El eterno *hombre orquesta* tiene la falaz idea de aplicar dentro su modelo una frase como esta: "*si quieres que algo salga bien, hazlo tú mismo*", convirtiéndose únicamente en un autoempleado de su propio negocio, sin despegue ni crecimiento permanente, hay que tener cuidado allí, ya que ello no es una mentalidad verdaderamente emprendedora ni menos empresarial con Visión y *pensamiento estratégico*.

El *hombre orquesta*, en este caso es alguien que se puede presumir el mismo de empresario, cuando en realidad, no lo es, solo se ha conseguido un empleo para sí mismo, está siendo solo un autoempleado. Así que a tener cuidado de no caer en este autoengaño que se ha detectado en muchos emprendimientos.

III.4.2 Estructura divisional

Posiblemente, este tipo de estructura es más aplicable para las medianas empresas, ya que conforme van creciendo, sus mercados y los sectores a los que acceden hacen que las funciones se vuelvan más complejas y difíciles de administrar. Es por ello, que muchos negocios optan por este tipo de estructuras que consiste en organizar la empresa por áreas geográficas, por productos/servicios, por clientes o por procesos.

En una organización con estructura divisional, las actividades se realizan de manera funcional en la sede central de igual manera que en las divisiones en las que se ha organizado la empresa.

Ventajas de la estructura divisional:

- ✓ Delega con mayor claridad la designación de responsabilidades.
- ✓ Genera autonomía en las divisiones para tomar decisiones y hacerse responsables de sus resultados.

- ✓ Promueve que la moral de los empleados sea mayor que en la estructura funcional, debido a la entrega de responsabilidades.
- ✓ Genera mayores expectativas de ascensión en la organización, debido a la autonomía y la libertad para desarrollar sus capacidades y hacer crecer sus divisiones fomentando la competencia.

Desventajas de la estructura divisional:

- ✓ Es una estructura costosa.
- ✓ Cada división requiere de especialistas en sus funciones.
- ✓ Existe duplicación de las funciones en una de las divisiones creadas.
- ✓ Exige alta competencia hacia los directivos o gerentes para saber delegar responsabilidades, quienes demandan salarios elevados en su contratación.
- ✓ Requiere de un elaborado sistema de control operado desde las oficinas centrales.
- ✓ La competencia entre divisiones podría salirse de control al tornarse altamente disfuncional en las divisiones, lo que generará el intercambio de ideas y recursos muy limitados, los cuales son esenciales para el desarrollo de toda la organización.

La estructura divisional puede organizarse de diversas maneras como por ejemplo tenemos (David, 2008):

La estructura divisional por áreas geográficas, es aquella que se diseña para que las estrategias de la organización puedan satisfacer las características y necesidades especiales que presentan los clientes, de acuerdo con determinadas áreas geográficas en las que se encuentran. Este tipo de estructura permite la participación local en la toma de decisiones y una mejor coordinación dentro de cada región.

La estructura divisional por producto (servicios), la podemos implementar cuando tenemos productos o servicios específicos que necesitan una atención especial por parte de las estrategias elaboradas. Debemos emplearla especialmente cuando tenemos pocos productos con características especiales y bien diferenciadas.

La estructura divisional por cliente, es de especial importancia cuando tenemos un número reducido de clientes principales con características especiales que son de mucha importancia y demandan muchos servicios diferentes. Este tipo de estructura permite que se atiendan clientes con gran eficacia y los requerimientos de los segmentos de clientes tienen características bien definidas.

La estructura divisional por proceso, es la que se organiza de acuerdo con la forma en la que el trabajo se ejecuta, es parecida a la estructura funcional, con la diferencia que en la estructura divisional por proceso los departamentos son responsables por la ganancia e ingresos de la división, y en la estructura funcional no. Esta estructura es especialmente útil, cuando los distintos procesos de producción son de especial valoración para lograr la competitividad en la empresa.

En la figura Nº 14 se puede observar un ejemplo de división por área geográfica.

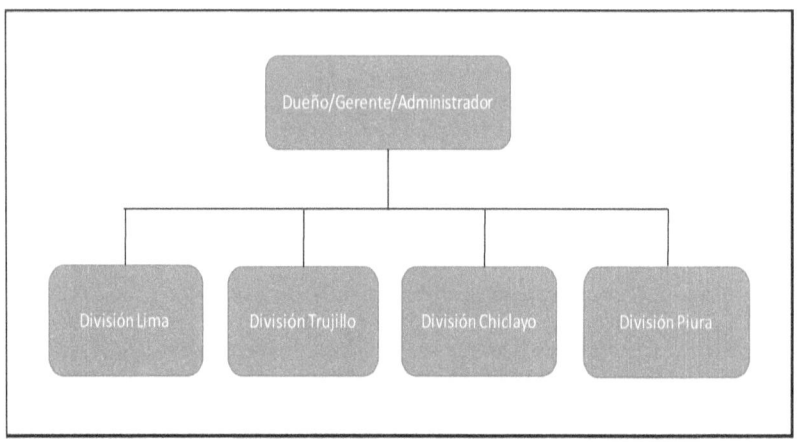

Figura nº 14: Estructura divisional por zona geográfica.

III.4.3 Reestructuración

La reestructuración tiene que ver con la reducción del negocio, el dar a la empresa el tamaño adecuado y/o necesario, disminuyendo para ello el número de trabajadores, número de divisiones o unidades y/o el número de niveles jerárquicos en la estructura organizacional.

El objetivo que persigue una adecuada reestructuración es mejorar el rendimiento del negocio en la eficacia y la eficiencia del mismo, así como la reducción en los costos, y abarca a toda la organización. Cuidado con ejecutar una reestructuración mal empleada, que busca únicamente el bienestar del dueño, financistas o accionistas, antes que a la organización en su conjunto.

Este tipo de modificaciones estructurales es necesario realizarlas cuando se presentan diversos inconvenientes como una recesión económica externa, legislación regulatoria desfavorecedora o claras ventajas y supremacía de la competencia entre otros.

En el caso de las ventajas de las empresas competidoras, generalmente estas, pueden descubrirse por técnicas como el Benchmarking, que consiste en comparar y tomar lo que mejor están haciendo los mejores de la industria, en diferentes criterios relacionados con el desempeño, como puede ser número de personal en relación con las ventas, personal directivo en relación con personal operativo, entre otros.

Una reestructuración que valga la pena hacerla, debe realizarse con sumo cuidado, ya que existe un riesgo de que pueda generar en el personal la reducción de la motivación y compromiso para con la organización o el equipo de trabajo, debido a los traumas e inestabilidad por los despidos que puedan ocurrir, lo cual puede destruir la creatividad, la innovación y el compromiso.

III.4.4 Reingeniería

La reingeniería se aplica cuando se toman decisiones tácticas de corto plazo y que abarcan determinadas funciones específicas del negocio, a diferencia de la reestructuración que es más compleja, estratégica y de largo plazo.

Lo que hace la reingeniería, cuando se aplica correctamente, es reinventar la forma de hacer del negocio, para aprovechar las ventajas que te da el mercado, la industria o los avances tecnológicos.

Utilizando la tecnología, un negocio puede derribar las barreras funcionales y crear un sistema de trabajo basados en la eficacia y la eficiencia y no en las funciones, en los insumos o en las formalidades, en el cuál caen muchos negocios extremadamente burocratizados.

La reingeniería busca la descentralización, la interdependencia y el intercambio fluido de información. Permite ver, de manera más clara, a los trabajadores, como es que su trabajo contribuye con el producto final o servicio que se presta, lo cual genera involucramiento y motivación en hacer bien las cosas.

Una reingeniería mal aplicada también tiene el riesgo de generar ansiedad en los trabajadores y ejecutivos del negocio; por ello, se debe de tener sumo cuidado en su aplicación comunicando de manera efectiva.

III.5 CUESTIONES DE RECURSOS HUMANOS

En el caso de las grandes empresas, las cuestiones de recursos humanos como la evaluación, selección y costos de integración de personal que se requiera para las nuevas estrategias diseñadas, la realizan los departamentos o gerencias de recursos humanos, dado el tamaño estas organizaciones.

Para las micro y pequeñas empresas, que están empezando, la evaluación y selección generalmente es responsabilidad del dueño, administrador, gerente o algún encargado miembro del equipo, según la importancia; y en el caso de las medianas empresas las realizan departamentos o unidades creadas, salvo excepciones en algunas otras que pueden concentrar todo en la gerencia, dependiendo cada empresa.

La idea de tener en cuenta los recursos humanos en la implementación de la estrategia, es que se debe vincular de la manera correcta los incentivos de desempeño con los pagos y las estrategias; de tal forma, que se trabaje como una unidad, en donde todo está relacionado y debidamente estructurado, desde el diseño de las metas, hasta la medición en el desempeño y logro de estas, pasando por los incentivos y pagos que deben ser reconocidos.

La designación de responsabilidades, medición, reconocimiento y pago por el desempeño, debería estar debidamente designado, definido y comunicado; de tal manera, que el equipo y/o el personal conozca claramente la forma en que se reconoce su trabajo y como se verán beneficiados cuando la empresa tenga éxito.

En otras palabras, debe lograrse que se comprenda que el éxito y beneficios de la organización o el equipo al que se pertenece es también el éxito y beneficio de todos y cada uno de sus integrantes, debidamente reconocido en sus planes de pago (motivadores extrínsecos) y demostraciones de valoración o reconocimientos.

La *Dirección Estratégica* puede ser un completo fiasco si no se toma en cuenta primeramente a las personas; es más, el proceso mismo de la *Dirección Estratégica*, es el proceso de las personas y con las personas; esto promueve la motivación más poderosa que es la *motivación intrínseca* del personal, porque se tienen en cuenta a la gente como un valor para la organización[27].

Si utilizamos el método customer experience (experiencia del cliente), desarrollada internamente con tu equipo o personal, proporcionándoles las experiencias adecuadas, oportunidades de nuevos y mejores empleos, aprendizaje de otros colaboradores, dirección, educación y capacitación; estarás desarrollando un **customer experience interno,** que generará una gran ventaja competitiva y sostenible para tu negocio[28].

III.5.1 Personal

Como mencionábamos, la remuneración del personal debería estar relacionada definitivamente con su desempeño, alineado a las estrategias y metas establecidas, y no basadas únicamente en la antigüedad, sino en el valor que aportan; de esta manera, se le da a todo el personal el mensaje correcto y se les demuestra la importancia y valoración que nuestra organización tiene sobre la Visión, Misión, valores, estrategias y objetivos. Con el reconocimiento remunerativo comunicado expresamente, se demuestra la valía y seriedad que le damos a la gestión estratégica.

Deberíamos flexibilizar las remuneraciones, en la medida de lo posible y si los recursos lo permiten, otorgando reconocimientos a través de bonos de desempeño individual, de equipo y por rentabilidad de todo el negocio. No existe

---

[27] *Véase David Fischman, Motivación 360° (2015). En este libro, el autor nos menciona sobre los motivadores extrínseco e intrínsecos de las personas; siendo lo más sostenibles, perecederos y poderosos, los segundos; porque no buscan una causa exterior para motivar al ser humano.*
[28] *Véase Rodrigo Fernández, Construyendo Experiencias (2018).*

un consenso exacto de los porcentajes que podrían considerarse de los bonos a cuenta de rendimiento, pero los porcentajes podrían ir entre el 5% al 10% del sueldo del personal, sujeto a criterios de valoración por parte de la empresa como el logro individual, el logro en equipo y el logro organizacional.

Por otro lado, como menciona David, el reconocimiento de los bonos debería estar basado en los objetivos anuales como los objetivos a largo plazo y según el nivel jerárquico, es decir que el bono anual de un directivo debería estar determinado, por ejemplo, en un 25% basado en el corto plazo y el 75% en el largo plazo; siendo importante que los bonos no se basen únicamente en el corto plazo, porque se ignoraría las estrategias y objetivos a largo plazo[29].

Otras formas de incentivar el desempeño y con los cuáles se pueden combinar o agregar para mejorar, son los aumentos salariales, opciones de compra de acciones, prestaciones adicionales, promociones, elogios públicos, mayor autonomía y premios entre otros. En lo que respecta a los elogios públicos y los premios, por decir, tendríamos que tener en cuenta los tipos de personalidad con los que cuenta nuestro equipo, ya que existen personalidades o conductas, de tipo introvertidas, que no les gusta la palestra, la exhibición ni lo galardones en público; debido al tipo propio de su personalidad, con lo cual podría ser contraproducente, este tipo de premiaciones. Este tema lo estudio bastante un psicólogo holandés de apellido Erickson[30].

En lo que compete a la selección del personal directivo que tomen decisiones que comprometan el rumbo de nuestro negocio, es una tarea que jamás debería de delegarse a terceros; la participación debe ser totalmente activa desde la entrevista y la selección de candidatos. Warrent Buffet, dueño de uno de los conglomerados más grandes del mundo, selecciona y entrevista personalmente a sus directores corporativos, ello debemos aplicarlo cualquiera sea el tamaño de la empresa[31].

El proceso de selección de personal debe ser considerado un proceso crítico, fundamental y de análisis profundo de los candidatos, desde la entrevista hasta la evaluación de los mismos. Existen muy buenos postulantes que dan muy bien las entrevistas, pero que no necesariamente son los idóneos para el cargo; es por ello, que la evaluación debe ser profunda, no superficial y jamás delegable, si el cargo es de gerente o directivo debe realizarla el mismo dueño, de ello depende su futuro.

---

[29] Véase Fred David, Conceptos de Administración Estratégica (2008).

[30] Véase Tomas Erickson, El hombre que estaba rodeado de idiotas (2014). En este Best Seller, Erickson, clasifica a las personas, según su personalidad y comportamiento predominante, asignándoles determinados colores como rojo, amarillo, verde y azul, en los cuales cada uno posee determinadas características como dominantes, influyentes, estables y analíticos respectivamente. Es un manual fundamental para comprender mejor a las personas y comprendernos a nosotros mismos, que nos servirá mucho a la hora de seleccionar personal y clasificar los incentivos y motivaciones para nuestros colaboradores.

[31] *Véase Robert Heller, Warrent Buffett (2006).*

Como ya se comentaba anteriormente, otro de los errores más comunes de las empresas en el proceso de selección, son los criterios que aplican para la evaluación y selección; siendo el primero el nivel de cartones que posee el postulante, las aptitudes y habilidades técnicas con las que cuenta como el primer requisito a la hora de la selección; dejando de lado las actitudes y especialmente la **sintonía cultural** que posee el candidato de identificarse con la organización, lo cual es lo primeramente fundamental y crítico en la selección.

Al hablar de *sintonía cultural* con nuestro negocio, nos referimos a la identificación, grado de compatibilidad y coherencia que posee el postulante, a cualquier nivel jerárquico que postule, con la cultura organizacional de la empresa; es decir, con la Visión, la Misión, los objetivos, los principios y valores de la organización. El postulante debe identificarse con ellos, entenderlos y comprenderlos como parte de sus propios valores individuales y personales; si no hay identificación y sintonía, solo se contará con personal que genere conflictos disociadores dentro del equipo u organización por más capacidades técnicas o aptitudinales que posea.

La *sintonía cultural* está relacionada con los llamados equipos multidisciplinarios. Estos equipos deben ser de diversas aptitudes y habilidades técnicas, lo cual es cierto; pero deben compartir la misma cultura empresarial (*sintonía*) que los identifique con la organización o el equipo mismo; de esta manera, pueden trabajar como una unidad bien estructurada y coherente, compartiendo valores, principios y objetivos para lograr resultados que beneficien a todos, apuntando a un mismo destino que es la Visión empresarial compartida por todos.

Muchos autores e investigadores han escrito y difundido que es necesario que existan elementos "disociadores" dentro de los equipos u organizaciones para promover el crecimiento, evitar la pasividad y explorar nuevos caminos. Desde mi punto de vista, es una verdad a medias o, por lo menos, planteada de una forma no muy clara; que puede confundir a muchos emprendedores, ya que se está confundiendo la falta de *sintonía cultural* con la diversidad técnicas y/o aptitudinales que pueden tener los individuos dentro de un equipo, fruto de sus propios puntos de vista técnicos; pero que persiguen los mismos objetivos (*sintonía cultural*).

Esta disociación de personas que hablan los autores, no debe referirse a elementos que nadan a contracorriente cultural, sino a individuos con puntos de vista técnicamente diferentes y que nos pueden dar otros caminos con mejores resultados; ello forma parte precisamente de la diversidad disciplinaria con la que deben contar los equipos, que no es precisamente una divergencia y oposición actitudinal de personas que no sintonicen con la cultura de la organización y que puedan generar retrasos o conflictos.

Es justamente, la *sintonía cultural* la que sirve para guiar y conducir la divergencia y oposición de ideas técnicas de la diversidad multidisciplinaria y aptitudinal para obtener ideas mejoradas que permitan la evolución de nuestro negocio y generar la innovación tan necesaria. Cuando combinas ideas muy buenas divergentes o diferentes, puedes obtener un conocimiento superior, si sabes orientarlo bien, esa orientación es parte de *la sintonía cultural*.

Entendido ello, podemos afirmar que en el proceso de selección lo primero que debemos evaluar es la *sintonía cultural* que posee el postulante con nuestra organización, determinar estándares e indicadores que nos permitan evaluar el tipo de postulante que ingresará a nuestro equipo de trabajo, su sintonía e identificación; luego vienen la aptitudes y capacidades técnicas, que, desde luego, deberían ser competentes.

La *sintonía cultural* es crítica y fundamental a la hora de la selección. Es mejor tener en nuestro equipo un individuo identificado, proactivo, ejecutor, enérgico con actitud sobresaliente y con niveles de conocimientos promedio, que un genio lleno de conocimientos, pero desaforado de nuestra cultura, sin buenas actitudes que sólo ocasionará conflictos en el equipo y muchos dolores de cabeza. Los conocimientos se pueden aprender, pero las actitudes y la cultura empresarial no, o por lo menos en el mejor de los casos, toma años y cuesta muy caro a las organizaciones; y los mipymes no estamos para darnos esos lujos.

III. 5.2 Manejo de la resistencia al cambio

La naturaleza misma de la aplicación del proceso de *Dirección Estratégica* genera cambios consecuentes por defecto, pueden ser en la estructura organizacional, las estrategias, en los procesos, en las tecnologías, en las personas, etc.

Las personas por naturaleza no están acostumbradas al cambio, por temor a lo desconocido, desconfianza, la posible pérdida económica y el cambio del statu quo; lo cual les genera ansiedad y estrés. Es por ello que el proceso mismo de implementar el proceso de dirección estratégica no es una tarea fácil y por eso muchos directivos tiran la toalla o no lo ejecutan de forma adecuada, viviendo en un constante negacionismo consciente o inconsciente.

Peter Drucker, el padre de la gerencia moderna y brillante visionario, decía que la cultura se devora la estrategia de un bocado (Drucker, 2002); y la resistencia al cambio forma parte de la cultura organizacional conformada por las personas. Es por ello que muchos consideran la resistencia al cambio como la mayor amenaza para el éxito en la implementación de la estrategia, y de hecho lo es.

Por lo general la resistencia al cambio suele manifestarse en forma de sabotajes a los procesos, ausentismo, cinismo, quejas infundadas, falta de cooperación y pesimismo; posiblemente, en este caso la gente lo que necesite, por lo menos de un inicio, es una adecuada comunicación. Esto depende en gran medida de la habilidad de los directivos para generar el clima organizacional que propicie el cambio, lo que requiere altos niveles de liderazgo, requisito particularmente fundamental de un buen estratega.

Las 3 estrategias más comunes utilizadas para implementar los cambios son la estrategia de cambio obligatorio, la de cambio educacional y la de cambio racional (David, 2008).

La estrategia de cambio obligatorio implica ordenar y reforzar dichas órdenes sin considerar los intereses del personal, esta estrategia es rápida, pero genera poco compromiso y mucha resistencia. No es recomendable ni sustentable a largo plazo, puede dar resultados en el momento, pero con el tiempo puede derrumbarse.

La estrategia de cambio educativo es la que trata de convencer al personal, con información sobre la necesidad de cambiar para el bien de todos en la organización. La desventaja en esta estrategia es que es lenta, requiere mucha dedicación, tiempo y es difícil de lograr; pero si se logra, los resultados son majestuosos, al lograr un mayor compromiso y menor resistencia.

Y finalmente tenemos, la estrategia de cambio racional que es aquella que intenta convencer al personal, de que el cambio propuesto es para su propio beneficio. Si esta estrategia se logra, la implementación de los cambios se logrará fácilmente. A pesar de ello, los cambios que implican esta estrategia, rara vez son ventajosas para todos.

Se considera la estrategia de cambio racional la más adecuada para implementar los cambios deseados en la implementación de la estrategia, se propone una guía correcta para implementarla en los siguientes pasos (David, 2008):

1. Se invita al personal o miembros del equipo a participar en el proceso de cambio y en los detalles de la transición; la participación permite que todos se involucren dando su opinión, se sientan parte del proceso de cambio e identifiquen sus intereses personales con el cambio recomendado.
2. Se requiere algún tipo de motivación o incentivo para el cambio; el interés personal puede ser la fuerza de motivación más importante.
3. Es necesaria la comunicación para que las personas comprendan el propósito del cambio.
4. Dar y recibir retroalimentación. Todos necesitan saber cómo van las cosas y cuánto progreso se está haciendo.

Los buenos estrategas deben de generar el ambiente laboral adecuado y que sea propio para que el personal o los equipos puedan entender y comprender lo cambios como necesarios y benéficos, de manera que estos puedan adaptarse fácilmente a los cambios venidos y por haber. Deberán anticiparse a los cambios, ser proactivos, desarrollar y ofrecer talleres de desarrollo y capacitación; de tal manera, que los trabajadores puedan adaptarse a la nueva situación.

El hecho de adoptar el enfoque de *pensamiento estratégico y Dirección Estratégica* es en sí mismo la implicancia de adoptar cambios sustanciales en la filosofía y operaciones de una empresa, tomar la decisión de utilizar este enfoque implica vivir y respirar el cambio continuamente.

III. 6 CULTURA ADECUADA

Como mencionamos anteriormente lo dicho por Peter Drucker: cultura se devora estrategia de un bocado; indica el valor y relevancia que posee la cultura organizacional en la empresa, y que muchos dueños, emprendedores y gerentes parecen ignorar, al no dedicarle la importancia que realmente merece.

Es por ello que en un estratega exitoso debe prevalecer ineludiblemente todo el esfuerzo por velar, mantener, priorizar y desarrollar una cultura organizacional que apoye, se subyugue, cambie y se adapte a las nuevas estrategias diseñadas.

No olvidemos también lo que dijo el padre del milagro japonés Edwards Deming: el 85% de los resultados de una organización corresponden a la parte directiva y sólo el 15% a la parte operativa; así que no hay excusas para un emprendedor, dueño o alto ejecutivo de eludir sus responsabilidades sobre los resultados en su organización. Esta responsabilidad crítica y primordial del estratega, debería tener la capacidad para identificar y cambiar aquellos aspectos de la cultura organizacional que fueran contrarios a las estrategias diseñadas.

Los estudios han demostrado que las estrategias deben centrarse en el mercado, la industria y son impuestas en base a las fuerzas competitivas del entorno (5 fuerzas competitivas de Porter). Es por ello, que modificar la cultura organizacional de una empresa que se ajuste y adapte a las exigencias de estrategias bien diseñadas, es generalmente, lo más correcto y efectivo. El personal y la cultura se adaptan a la estrategia.

Existen diversas alternativas y técnicas de trabajar y cambiar la cultura organizacional de una empresa, que obedezca de forma correcta a la estrategia, las cuales ya no son parte del objeto de este libro, algunas ya se han mencionado; sin embargo, reenunciaremos algunas como el reclutamiento, la capacitación, la transferencia de personal, la restructuración, la reingeniería, el modelo de roles y el reforzamiento positivo entre otras.

Fred David, nos muestra algunas consideraciones importantes a tener en cuenta para vincular de la mejor manera la cultura a la estrategia:

1. Declaraciones formales de la filosofía, los estatutos, las creencias y los materiales de la empresa utilizados en selección, reclutamiento y la socialización.
2. El diseño de los espacios físicos, fachadas y edificios.
3. La reflexión sobre el modelo de roles, la enseñanza y el ejemplo de los líderes.
4. El sistema de retribución y estatus, así como criterios de promoción explícitos (escritos).
5. Historias, leyendas, mitos y parábolas acerca de las personas y sucesos clave.
6. Tener en cuenta a que le prestan atención los líderes, lo que miden y controlan.

7. Las reacciones de los líderes ante los incidentes críticos y las crisis de la organización.
8. La manera en que está diseñada y estructurada la organización.
9. Los sistemas y procedimientos de la organización.
10. Los criterios utilizados para el reclutamiento, la selección, la promoción, la nivelación, la jubilación y la exclusión de personas.

III.7 CUESTIONES DE MARKETING

Como lo habíamos mencionado anteriormente y alguna vez lo dijo un directivo de HP: "las cuestiones del marketing son tan pero tan importantes que no deberíamos dejarlas en los especialistas del marketing". Al igual que en el caso de la selección de personal clave en la empresa, estas cuestiones nunca deben delegarse a cualquier personal por debajo del dueño o estratega, la implicación debe ser activa, de ello depende que la empresa siga en el mercado, al menos en la fase inicial.

La implicancia activa, no necesariamente exige que uno se dedique a las labores operativas del marketing, sino que se debe de entender y comprender profundamente todas las implicancias que estas actividades conllevan, al menos las principales.

Algunos aspectos que debemos plantearnos en las cuestiones del marketing para implementar estrategias y políticas son: ¿qué canales de distribución utilizaremos?, ¿qué publicidad?, ¿qué estrategia de precios?, ¿qué políticas de garantías?, ¿seremos virtuales, físicos o ambos?, ¿a quién nos dirigiremos?, ¿quién será nuestro mercado? y ¿cómo posicionaremos nuestro producto?

Dos son las contribuciones más importantes del marketing a la dirección estratégica: la determinación del mercado ("segmentación") y el posicionamiento del producto, que son muy importantes de considerar para implementar las estrategias.

III.7.1 Determinación de mercado ("segmentación")

En gran parte de la bibliografía clásica, la denomina segmentación de mercado, he preferido denominarla ***determinación del mercado***, ya que existen nuevas metodologías o propuestas estratégicas que no precisamente tienen que ver con segmentar, separar o subdividir el mercado; sino, por el contrario, de integrar y crear nuevos espacios de mercado mucho más amplios, donde no exista la competencia y te conviertas en un pionero descubriendo nuevos mercados.

En este sentido, tendríamos dos enfoques para determinar nuestro mercado: la clásica segmentación del mercado que la mayoría habla y el nuevo enfoque estratégico de ***la integración del mercado***.

La integración del mercado, empieza a partir del trabajo de Chan Kim y Renée Mauborgne (2005), en donde plantean las *estrategias de océano azul;* de no dividir los mercados, si no de integrarlos y descubrir nuevos espacios donde la competencia pierda valor, siguiendo algunos de sus caminos planteados. Lo que nos da una mirada nueva, ya no necesariamente de segmentación exclusiva; sino una nueva alternativa de *integración del mercado.*

La estrategia de océano azul es una estrategia innovadora que despierta en demasía la creatividad empresarial y la innovación en valor que no necesariamente debe ser tecnológica. Aunque no es objeto de estudio profundo de este libro, es necesario mencionarlo, por la nueva conceptualización que desborda; ya que la segmentación de mercados es la forma clásica y de la que todos hablan de dirigirse para diseñar e implementar las estrategias.

La estrategia de la segmentación de mercado parte del paradigma en un mundo puramente competitivo, en donde la única alternativa es competir o morir, dedicarse a un pequeño espacio del mercado fraccionado y desde allí luchar a muerte; a este mercado Chan Kim y Renée Mauborgne lo denominaron *océanos rojos,* llenos de sangre y competencia pura en donde se mata o se es muerto, de este modelo proviene la idea de la segmentación de mercado y todos los conceptos de competitividad. Es por ello que preferimos denominarlo **determinación del mercado**, ya que es más completo y puede abarcar tanto la opción estratégica de **la segmentación o la** *integración del mercado,* como se muestra en la figura Nº 15, al cual consideramos el nuevo paradigma para el siglo 21 en la división de estrategias de mercado.

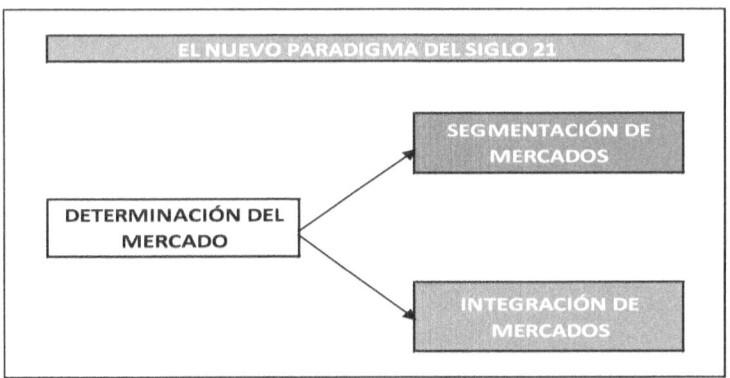

Figura Nº 15: El nuevo paradigma del siglo 21 (Determinación del mercado)

Debemos aclarar también, que no estamos diciendo que la segmentación de mercado no sirva de nada, por el contrario, forma parte de las estrategias que muchas empresas utilizan de manera exitosa. Lo que pretendo decir, es que existen otras alternativas estratégicas que pueden funcionar muy bien para otros escenarios o contextos. Es por ello que siempre recalcamos que la *Dirección Estratégica* es tanto ciencia como arte a la vez.

La segmentación, se define como la subdivisión del mercado de acuerdo con determinadas características de clientes, necesidades, intereses o hábitos de compra que estos tengan en común. Generalmente lo realizan las pequeñas empresas y aquellas altamente especializadas en determinados nichos que satisfacen.

Las estrategias de desarrollo de mercado, desarrollo de producto, penetración de mercado y la diversificación buscan conquistar otros nuevos espacios de mercado; requieren que se logre determinar los mercados a los que el negocio se dirigirá, ya sea con técnicas de segmentación o utilizando los mecanismos de la integración de mercados que mencionamos anteriormente.

La *determinación del mercado*, sea por segmentación o por integración, permite a las pequeñas empresas sobrepasar a las grandes, al ajustar sus costos a lo necesario y las ventas estarán dirigidas a determinados sectores.

La mezcla del marketing mix: producto, precio, plaza y promoción vienen a estar determinadas por la estrategia de determinación del mercado que implementaremos. La determinación del producto, políticas de precios, selección de plaza y promoción deben de responder a la implementación de una estrategia por segmentación o por integración de mercados.

Por otro lado, la determinación del mercado es clave para lograr que nuestra oferta puede tener una demanda, esto es lo que muchos denominan el encaje producto-mercado o producto-cliente, que es muy importante.

Es necesario, rescatar algo de suma importancia que conlleva a muchas confusiones, hasta en los mismos mercadólogos y especialistas del marketing, cuando realizan las investigaciones y análisis de las necesidades de clientes, a través de mecanismos, como encuestas, entrevistas o Focus Group. Como bien podemos darnos cuenta, no se trata de suponer que es lo que quiere el cliente, sino más bien, saber **"interpretar de la manera correcta"** la verdadera necesidad del cliente, así como la percepción que este tiene de la satisfacción de esa necesidad.

Es importante ser muy perspicaz e intuitivo en este aspecto cuando interpretamos las necesidades de los clientes. Se cometen muchos errores en este campo, los cuáles suelen costar muy caro a muchos emprendedores hasta el punto de quebrarlos, en el peor de lo casos, cuando no tienen un *margen de maniobra* lo suficientemente holgado que pueda soportar y retroalimentar los errores cometidos. Por **margen de maniobra,** entenderemos que es la capacidad que tiene el emprendedor de asumir riesgos o errores que no le resulten altamente perjudiciales al punto de comprometer una posible quiebra de su negocio.

Si Henry Ford decía: *"si les hubiese preguntado qué es lo que quieren, me hubieran dicho que un caballo más veloz"*, Steve Jobs, también tiene una frase que es una de mis favoritas: *"la gente no sabe lo que quiere hasta que se lo muestras"*. Justamente estas máximas muestran a lo que nos referimos cuando hablamos de la interpretación correcta de las necesidades que tiene el consumidor, en el que muchas veces se falla y genera confusión entre los mercadólogos y practicantes de los Focus Group, debido a que interpretan literalmente la necesidad o lo que quiere el cliente, cosa que no siempre es lo más acertado realizar; y para esto hay que tener mucha capacidad intuitiva de poder acertar en la interpretación correcta de la necesidad de nuestros potenciales clientes.

Dicho de otra forma, el éxito radica en saber interpretar el mercado y sus necesidades de la manera correcta, para lograr tener éxito en la eficacia empresarial y el posicionamiento de nuestro producto. He ahí el gran reto del emprendedor y los negocios emergentes, saber las necesidades del mercado; ya que, como decía el gran Peter Drucker: *"es un completo absurdo producir algo que la gente no desea"*.

III.7.2 Posicionamiento del producto

El posicionamiento del producto forma parte de la eficacia, que tiene que ver mucho con lo que quieren y necesitan nuestros clientes; y no solo con el grado de satisfacción que se realice con el cliente sino también con la percepción que este tiene sobre la satisfacción de sus necesidades; ello conlleva ineludiblemente al posicionamiento de nuestro producto o servicio en la mente del cliente.

A continuación, se presentan algunas recomendaciones para utilizar el posicionamiento del producto en la implementación de estrategias:

1. Utilice la segmentación o la integración de mercado para encontrar su mercado meta u objetivo al cuál se dirigirá.
2. Utilice el enfoque, sea para la segmentación o para la integración. No atienda o invada otros mercados que no corresponden a su mercado objetivo, el resultado puede ser difuso y potencialmente decepcionante.
3. Si tiene más segmentos o mercados nuevos por atender, no utilice las mismas estrategias para cada uno. El éxito de una estrategia en mercado o segmentos, por general no necesariamente va a significar el mismo resultado en otro mercado o segmento.

Una estrategia exitosa de posicionamiento debe cumplir con dos requisitos (David, 2008):

1. El producto o servicio de tu negocio debe diferenciarse completamente de la competencia.

2. Lograr que las expectativas del cliente sean sobrepasadas; es decir, ofrecer menos y entregar más en satisfacción. Exceder siempre la promesa ofrecida genera alto posicionamiento.

III.8 CUESTIONES DE FINANZAS Y CONTABILIDAD

Debemos considerar al menos los aspectos financieros básicos para la implementación de la estrategia, como las fuentes de capital, los estados financieros y el presupuesto. Se presenta algunos ejemplos de lo cuales he podido tomar de los aspectos financieros, que son necesarios tener en cuenta en el contexto de las MIPYMES (David, 2008):

1. Requerimiento de capital a través de deudas a largo plazo, deudas a corto plazo o financiamiento propio.
2. Arrendar o comprar activos fijos.
3. Determinar un porcentaje adecuado de las ganancias netas al pago de dividendos.
4. Determinar la cantidad de efectivo que debe mantenerse.

III.8.1 Capital para la implementación de la estrategia

Como bien se muestra el punto 1 anterior, existen dos fuentes básicas de financiamiento, la deuda y el financiamiento propio; ya que, por lo general, la implementación de las estrategias necesita de cierto capital y esfuerzo que invertir según el nivel de requerimiento y el contexto en el que nos encontremos.

Determinar una mezcla adecuada entre endeudamiento y financiamiento propio es lo que se llama estructura de capital y es importante para la implementación de la estrategia, obtener las fuentes por recursos propios o a través de fuentes externas, es necesario determinar dicho capital para implementar las estrategias.

III.8.2 Estados financieros proyectados

A través de los estados financieros proyectados se podrá verificar si las estrategias implementadas tendrán resultados esperados. Los estados financieros, como son el estado de resultados proyectado y el balance general, permiten calcular indicadores en diferentes escenarios de la implementación de las estrategias.

Al comparar estos indicadores financieros con indicadores históricos e indicadores promedios de la industria se podrá obtener información valiosa que nos podrá hacer comprender mejor la viabilidad de las estrategias en sus diferentes formas. No es el objeto de este libro desarrollar los estados contables y financieros a profundidad, pero es bueno mencionarlos y reconocerlos.

III.8.3 Presupuesto financiero

El presupuesto financiero es el resumen de cómo se obtendrán los recursos monetarios y como se gastarán en un periodo determinado, de acuerdo con lo establecido en las estrategias. Generalmente se establecen para un año.

Lamentablemente, por falta de conocimiento o seguir la cultura jerárquica, la mayoría de empresas utiliza y entiende el presupuesto como sinónimo de control o limitación de los gastos; cuando su verdadero valor radica en que sirve para utilizar los recursos de la manera más apropiada posible con enfoque en las estrategias que se pretenden implementar para que nuestro negocio tenga el éxito esperado. Esa es la verdadera utilidad del presupuesto y no como una herramienta simplemente numérica de control monetario.

Existen numerosos tipos de presupuestos, como los presupuestos de ventas, de gastos, de capital, de operaciones, de ganancias, de fábrica, de división, de efectivo, presupuestos fijos, presupuestos flexibles, etc.; los presupuestos son especialmente importantes sobre todo en las épocas de crisis, ya que estos guiarán de forma adecuada la implementación de las estrategias que nos permitirán salir de la crisis.

Es necesario que seamos conscientes de las limitaciones que se pueden presentar en los presupuestos (David, 2008):

1. Los presupuestos pueden ser demasiado voluminosos cuando se cae en la exageración de los detalles.
2. Se pueden convertir en un objetivo o en un fin en sí mismo, siendo únicamente una herramienta de guía en las estrategias.
3. Pueden generar frustración y resentimiento cuando se los emplea mal como instrumentos tiranos de control monetario.

Al igual que en la participación del diseño de estrategias, para evitar estas limitaciones, se debe hacerlo participativamente de tal forma que se evite el rechazo y la malversación frente a su utilización.

III.9 CUESTIONES DE INVESTIGACIÓN Y DESARROLLO (I&D)

Las cuestiones de investigación y desarrollo, son actividades que se usan para crear nuevos productos, mejorar los actuales o cambiar los obsoletos que se introducirán con la implementación adecuada de las estrategias. En esta actividad se puede utilizar el esquema de cuatro acciones (Kim y Mauborgne, 2005), que es muy útil para su desarrollo: reducir, eliminar, incrementar y crear. ¿Qué debemos reducir?, ¿qué debemos eliminar?, ¿qué debemos incrementar? y ¿qué debemos crear?

No debemos olvidar que el esquema de cuatro acciones debe ir de la mano con las cuestiones de marketing, ya que esta actividad es quien debe dar respuesta sobre que necesidades tienen los clientes y el mercado; y determinar el encaje producto-cliente, donde podemos desarrollar el producto que el cliente reconozca, aprecie y valore. De lo contrario nuestra gallina estaría poniendo huevos que nadie quiere o que otros podrían empollar.

Actualmente, dado el vertiginoso avance tecnológico, podemos observar que la vida útil de los productos se ve continuamente reducidos. Hoy en día, es una constante el desarrollo continuo de nuevos productos y servicios si se quiere mejorar la rentabilidad y el crecimiento en los negocios.

Las investigaciones nos sugieren que debemos tener claro que las organizaciones altamente competitivas y exitosas aplican estrategias de investigación y desarrollo (I&D) debidamente integrada y vinculada con sus fortalezas, oportunidades y objetivos.

Las acciones de I&D que sean bien formuladas, hacen que las fortalezas internas del negocio respondan correctamente a las oportunidades del mercado, reforzando la implementación de la estrategia para (David, 2008):

1. Mejorar productos o procesos.
2. Ser líderes o seguidores.
3. Decidir si se desarrolla la automatización y el nivel aplicación.
4. Ver el presupuesto a gastar en I&D.
5. Evaluar si la I&D se hace internamente o se terceriza.

La interacción entre los equipos o responsables de I&D con los demás miembros responsables debe ser integral y coherente, con delimitaciones claras en las responsabilidades, políticas y objetivos establecidos; de manera que no se generen conflictos ni confusiones en las responsabilidades. Por ejemplo, el equipo o responsable de marketing es el encargado de dar los detalles y los requerimientos correctamente interpretados del mercado para el diseño de los nuevos productos o servicios que el equipo o responsable de I&D diseñara.

En lo que respecta a delegación y responsabilidades, es importante dejar bien en claro y formalmente expresado que las responsabilidades de un área terminan donde empiezan la responsabilidad de la otra; de esta manera se podrá lograr un trabajo en equipo como una unidad bien estructurada y cohesionada que generen resultados sobresalientes.

En el cuadro Nº 13 se muestran algunos ejemplos de actividades de I&D que podrían ser necesarias para la implementación de algunas estrategias.

TIPO DE NEGOCIO	ESTRATEGIA A IMPLEMENTAR	ACTIVIDAD DE I&D
Fabricante de zapatos	Desarrollo de mercado	Desarrollo de sistema de ventas con tecnologia (aplicativo, plataforma, etc.)
Fabricante de chifles	Desarrollo de producto	Desarrollo de producto con indicadores saludables y envases biodegradables
Venta de comida rápida	Penetración de mercado	Desarrollo de envases de entrega más cómodos, higiénicos (asepticos) y novedosos

Cuadro N° 13: Actividades de I&D según la estrategia a implementar.

A continuación, algunas pautas generales recomendadas por Fred R. David (2008) con respecto a las decisiones que se deben tener en cuenta a la hora decidir si el conocimiento y la experiencia se desarrolla internamente o se compra a través de empresas externas especializadas:

1. Si el mercado avanza a un crecimiento moderado, el progreso técnico es lento y existen barreras significativas para la entrada de nuevos competidores, entonces la decisión más adecuada será desarrollar I&D en la misma empresa. Sí la decisión resulta exitosa se aprovechará de cierta ventaja por lo menos temporal que debe de explotarse.

2. Si el mercado crece con lentitud y la tecnología cambia rápidamente, entonces desarrollar I&D dentro de la empresa resultaría muy riesgoso, que llevaría a poseer una tecnología rápidamente obsoleta o no poseer mercado al cuál vender, debido a que el cliente o mercado no está preparado aún para nuestro producto.

3. Si el mercado crece con rapidez y la tecnología es lenta, generalmente no es conveniente desarrollar I&D dentro de la empresa y optar por comprar experiencia o conocimientos tecnológicos de empresas externas, esto podría traducirse en generar alianzas o tercerizar.

4. Si ambos, el crecimiento del mercado y el progreso técnico son rápidos, lo más efectivo será la adquisición de una empresa con las habilidades I&D que necesitamos. Este tipo de estrategia generalmente la desarrollan las empresas altamente competitivas en tecnología.

Existen 4 enfoques en cuanto a I&D para la implementación de estrategias de los cuales, los 3 primeros provienen de la teoría clásica y el último está basado en la propuesta de estrategia de océano azul[32], muy apropiado para empresas emergentes (MIPYMES):

1. **Pioneros tecnológicos**. Consiste en ser los primeros en vender nuevos productos tecnológicos. Es una estrategia peligrosa ya que la

---

[32] *Véase Chan Kim y Renée Mauborgne, La Estrategia de Océano Azul (2005).*

competitividad es sumamente brutal y salvaje en el mercado, sobre todo en los negocios de la industria tecnológica. Por ejemplo, empresas como Amazon, Apple o Google son empresas pioneras inmersas en la tecnología digital, que tienen que innovar brutal y continuamente en la escala más acelerada del mercado.

2. **Seguidores**. Esta estrategia consiste en copiar productos exitosos, minimizando los riesgos y los costos de arrancar. Este enfoque espera, observa y ataca, se espera que la empresa pionera desarrolle el producto, asuma todos los riesgos de perder y demostrar que existe un cliente para ese producto; cuando esto ocurre, la empresa seguidora desarrollara un producto similar.

   Esta estrategia requiere un equipo maestro de primer nivel tanto en I&D como en marketing. Ejemplos de empresas seguidoras tenemos a Huawei (en sus inicios), Pepsi (sigue a Coca Cola), Alibaba (sigue a Amazon) que utilizan prácticas en función de lo que hacen sus líderes del mercado.

3. **Seguidor de bajo costo**. Consiste en ser un productor de bajo costo en productos similares, pero de más bajo precio que los introducidos recientemente. Esta estrategia requiera una fuerte inversión en plantas y equipo, y menos inversión en I&D que los dos enfoques anteriores.

   Son ejemplos de seguidores de bajo costo marcas como Recco (televisores de bajo costo) y SsangYong (vehículos de bajo precio).

4. **Innovadores en valor**. Es la estrategia que no necesariamente se basa puramente en la intensidad de la tecnología, sino en el valor que se agrega a los clientes, de acuerdo a sus necesidades. Esta estrategia consiste en diseñar productos con alto valor para el cliente y con los mejores costos para su accesibilidad. Permite descubrir y crear nuevos mercados, en donde, por lo menos inicialmente no exista competencia. Empresas como Southwest Airlines, Net Jets, Yellow Tail, CNN y Ford Company (en sus inicios) son empresas que son, o al menos lo fueron, innovadoras en valor que lograron descubrir nuevos mercados.

III.10 CUESTIONES DE LOS SISTEMAS DE INFORMACIÓN GERENCIAL

Es bueno tener en cuenta si somos eficientes en la recopilación, proceso y evaluación de la información externa e interna, si estamos adecuadamente informados y si este proceso nos permite implementar mejor nuestras estrategias diseñadas para obtener resultados, esto nos brindará ventajas competitivas sobre competidores o potenciales competidores.

Un sistema de información bien desarrollado que permita facilitar la implementación de las estrategias es aquel que los diseñamos a través del conocimiento técnico de los especialistas tecnológicos, sea al interno o externo de nuestro negocio, con la visión empresarial que tiene el estratega y/o su equipo maestro de trabajo. Es la combinación ganadora para poder desarrollar un sistema de información gerencial exitoso.

La información eficiente y oportuna es considerada un activo valiosísimo hoy en día, tanto o más que el propio capital; ya que, con esta, muchas empresas han logrado marcar la diferencia y vencer a verdaderos Goliats del mercado dueños del capital, a través de la utilización correcta del conocimiento manejada por un sistema de información gerencial efectivo y oportuno.

Ha existido una tendencia a aprovechar las herramientas tecnológicas para mejorar los sistemas de información gerencial, en donde la gente podía ejecutar su trabajo desde casa en determinados horarios, sobre todo en el mundo corporativo. Hoy, existen empresas que tienen un alto porcentaje de trabajadores trabajando desde su casa.

Actualmente, con la crisis sanitaria de la pandemia, esta tendencia se ha consolidado, y ha calado en las organizaciones en todos los niveles, inclusive en las empresas emergentes o que recién inician, las cuales debemos adaptarnos y tener en cuenta esta tendencia ineludible que afectan la implementación de nuestras estrategias.

III.11 IMPLICANCIAS PARA EMPRENDEDORES, GERENTES Y EJECUTIVOS

Al igual que en la fase del diseño, la implementación de estrategias requiere de la participación activa de la parte directiva en el equipo u organización, requiere liderazgo y muy buena comunicación para que todo el equipo y personal involucrado sepa ejecutar de la manera correcta las acciones y estrategias diseñadas, que previamente ha contado con su participación en la elaboración.

De esta manera, el personal logra comprender e involucrarse con las acciones que conlleva llevar a cabo para hacer efectivas las estrategias y por ende los objetivos planteados para la organización, haciéndolas como suyas propias y parte de sus logros, ya que este ha entendido que los objetivos a alcanzar no solo beneficiarán a la empresa sino también a ellos como personal involucrado.

Tener una identificación genuina con la organización, es una ventaja competitiva fundamental que no debe pasar desapercibida por el estratega desde ningún punto de vista, pues los objetivos y metas lo cumplen las personas y si estas no están debidamente motivadas e identificadas tienen la capacidad no solo de no contribuir en el éxito de las estrategias, sino que también pueden hasta boicotear las mismas creyendo que perjudica su statu quo ganado en el trabajo.

Es responsabilidad directa del estratega, que debe tener en cuenta todos los aspectos de la administración importantes para la implementación, como son trazar objetivos anuales, adecuar la estructura organizacional y operaciones a la estrategia diseñada, vincular y reconocer el desempeño con la ejecución de la estrategia, fomentar un ambiente de cultura del cambio y apoyo a la estrategia, gestionar políticas adecuadas, seleccionar y gestionar el personal adecuado y asignar los recursos necesarios.

A ello, tenemos que agregarle las actividades de marketing que permiten aumentar los ingresos con nuevos o mejores productos en los mismos o nuevos mercados, las actividades de finanzas y contabilidad para medir los costos y los riesgos, las actividades de I&D para utilizar poca, mucha o nueva tecnología para implementar las mejores estrategias y las actividades del sistema de información gerencial que permite comunicación, liderazgo y capacitación en la interconectividad interna y externa de nuestra empresa.

Entonces, los emprendedores o ejecutivos que sepan gestionar correctamente los aspectos de la administración conjuntamente con las funciones de marketing, finanzas y contabilidad, I&D y los sistemas de información gerencial; estarán tremendamente equipados y capacitados para garantizar la implementación efectiva de las estrategias y en consecuencia el éxito de su negocio u organización.

"El punto de partida de toda mejora competitiva es la plena convicción de la necesidad de hacerla"
Michael Porter

CAPITULO IV

EVALUACIÓN DE LA ESTRATEGIA

"Si no puedes medir, no puedes administrar"
Robert Kaplan

Con la evaluación de la estrategia tendremos conocimiento sobre los problemas actuales o potenciales en tiempo real, antes que los problemas lleguen a ser críticos, permitiéndonos realizar los ajustes (medidas predictivas, preventivas y/o correctivas) para seguir con el logro de nuestros objetivos y continuando así, un nuevo proceso de diseño, acción, prueba y corrección alimentando un *círculo virtuoso de crecimiento*.

En la figura Nº 10, observamos la fase resaltada en amarillo que corresponde a la evaluación de desempeño (Evaluación de la estrategia) de nuestro modelo de proceso de Dirección Estratégica CJM Consulting para MIPYMES.

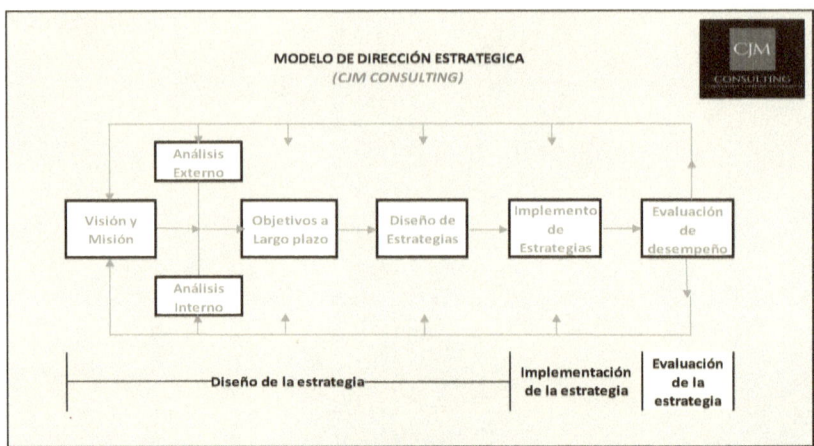

Figura N° 10: Modelo de Dirección Estratégica CJM Consulting para mipymes (Evaluación de desempeño)
Fuente: Adaptación tomada de J.L. Bazán Briceño. Administración Estratégica, 2016

La evaluación de la estrategia debe darse continuamente y no de forma periódica, de tal manera que no se generen asuntos inesperados graves al final de periodos en donde sea más difícil hacer correcciones, garantizando así el progreso y la eficacia de los resultados. La evaluación de la estrategia es esencial para la organización.

En la etapa de la evaluación estratégica debemos ser cautelosos; ya que, por ser demasiado obsesivos con el control, podemos caer en la insana actividad de la microgerencia, en donde pretendemos controlarlo todo; así mismo, es peor todavía ir al lado opuesto, ya que no sabríamos por donde estamos yendo y cuáles serán nuestros resultados.

Por ello es bueno medir, contrapesar y evaluar con buen sentido lógico y una muy buena intuición; así como realizar las mediciones con un enfoque correcto, como dice John Doerr: mide lo que importa[33]; eso es tener orientación estratégica.

Otro error que debemos evitar, el cual ya hemos mencionado y lo cometen muchas organizaciones, es que, cuando realizamos la evaluación de las estrategias, no debemos tomarla solo como resultados numéricos, como por ejemplo ventas, ingresos, utilidad, rendimiento sobre inversión, etc., medidas únicamente con enfoques cortoplacistas o netamente operativos; ya que la implementación de las estrategias debe medirse tanto a corto y como largo plazo, y no solo cuantitativamente sino cualitativamente. El hecho mismo de plantear estrategias y tener visión empresarial estratégica implica una mirada más allá del cortoplacismo.

---

[33] *Véase John Doerr, Mide lo que importa (2019).*

Garantizar al 100% que una estrategia sea la más óptima y funcione resulta imposible, pero se puede revisar los errores críticos potenciales. Fred R. David nos muestra que se puede evaluar la estrategia a través de 4 criterios útiles, lo cuales se presentan a continuación:

1. **Consistencia.** La consistencia se refiere a que las políticas y los objetivos del negocio deben de tener coherencia, sentido y relación entre ambos; deben apoyarse el uno al otro, a esto también lo denominamos coherencia estratégica. La inconsistencia estratégica dentro del negocio puede ocasionar conflicto en los equipos, pero ello también puede deberse al desorden gerencial o la falta de liderazgo. Para reconocer que tenemos problemas de inconsistencia en la estrategia, podemos utilizar las siguientes 3 consideraciones:

   - Sí a pesar de que se hicieron cambios en el personal y los problemas conflictivos tienden a basarse más en los asuntos que en las personas, entonces puede que haya inconsistencia en la estrategia.
   - Sí el éxito de un equipo o individuo significa, o se interpreta, como el fracaso del otro, entonces la estrategia quizá sea inconsistente.
   - Sí los problemas o asuntos políticos se siguen llevando a la alta dirección para su resolución, entonces es posible que las estrategias sean inconsistentes.

2. **Viabilidad.** Por lo general los recursos financieros siempre son la primera limitación frente a la cuál debe evaluarse la estrategia. Nunca una estrategia debe estar justificada en grabar en exceso lo recursos disponibles, ni generar problemas irresolubles, por ello debe de verificarse que tenga viabilidad financiera. Otra de las limitaciones, pero que es difícil cuantificar son las capacidades individuales y organizacionales; pero se debe examinar si el negocio ha demostrado en el pasado que posee las capacidades, competencias, habilidades y talentos necesarios para llevar a cabo una estrategia exitosa.

3. **Consonancia.** Se refiere a la verificación de las tendencias que pueda haber para la evaluación de las estrategias. Una estrategia es una respuesta de adaptación al ambiente externo y sus posibles cambios críticos (en el enfoque convencional)[34]. La consonancia tiene que ver con esa capacidad potencial de adaptación que pueda tener esa estrategia.

4. **Ventaja.** Se refiere a que toda estrategia concebida debe proporcionar una ventaja competitiva, al menos en alguna área seleccionada como recursos, habilidades o posición. Cada uno de estos elementos están interrelacionados ya que buenos recursos producen habilidades y estas contribuyen a una buena posición. Esto es lo que denominamos *crecimiento posicionado* y debe ser muy

---

[34] *Al hablar del enfoque convencional, nos estamos refiriendo al paradigma estratégico que estamos tratando en este libro, que está basado en un enfoque estructuralista, donde uno de sus mayores representantes es Michael Porter; que básicamente postula que las condiciones estructurales del mercado y la industria ya están dadas y las estrategias deben diseñarse en base a ello. Sin embargo, tenemos el nuevo paradigma que surge a raíz de los aportes de Kim y Mauborgne, que ya lo hemos mencionado anteriormente, en donde las condiciones estructurales se pueden cambiar utilizando un enfoque reconstruccionista, creativos, innovador; y en lo que también hemos dado en denominarlo integración de mercados.*

bien aprovechado por los pequeños negocios, ya que negocios bien afianzados y posicionados son difíciles de derrotar por la competencia, incluso sin son pequeñas empresas.

Como podrá haber podido darse cuenta, la *consistencia* y la *viabilidad* de la estrategia están orientadas a una evaluación interna del negocio, mientras que la *consonancia* y la *ventaja* se basan en la evaluación externa del mismo. Por lo que, como hemos mencionado anteriormente, es importante la conciliación de estos elementos tanto internos como externos para definir una buena evaluación de estrategias.

El proceso de evaluación de las estrategias es un ciclo que debe de realizarse continuamente, no debe ser un proceso periódico o aislado, como muchas empresas lo vienen realizando, y que carece de importancia o solo lo cumplen como un hecho formal o burocrático, erróneamente.

Evaluar las estrategias, de manera continua, permite tener información de los progresos en tiempo real, de forma que se puedan realizar los ajustes necesarios en el camino contribuyendo a que la gestión sea más eficaz y eficiente. Es un grave error en las empresas dejar esto a un lado.

En el cuadro Nº 14, se presenta una matriz de evaluación de la estrategia en términos de cambios clave que se generen en el ambiente externo e interno del negocio y la decisión y acciones a tomar en cuenta:

¿Han ocurrido cambios importantes en la posición estratégica interna deL negocio?	¿Han ocurrido cambios importantes en la posición estratégica externa de la negocio?	¿Ha progresado el negocio satisfactoriamente hacía el logro de los objetivos establecidos?	RESULTADO
No	No	No	Tomar acciones correctivas
Sí	Sí	Sí	Tomar acciones correctivas
Sí	Sí	No	Tomar acciones correctivas
Sí	No	Sí	Tomar acciones correctivas
Sí	No	No	Tomar acciones correctivas
No	Sí	Sí	Tomar acciones correctivas
No	Sí	No	Tomar acciones correctivas
No	No	Sí	Continuar con la estrategia

Cuadro Nº 14: Matriz de evaluación de la estrategia.
Fuente: Fred R. David. Conceptos de Administración Estratégica, 2008.

Como se puede apreciar en el cuadro Nº 9 son tres preguntas clave que debemos hacernos relacionadas a la posición estratégica interna, la posición estratégica externa y el logro de los objetivos, para tomar acciones correctivas o no dentro del negocio.

Como habrá podido darse cuenta, en casi todas las situaciones a verificar el resultado será tomar acciones correctivas, incluida la situación en la que se están logrando los objetivos satisfactoriamente; ya que, ello nos muestra que siempre que tengamos cambios a lo interior o exterior de nuestro negocio, así tengamos por buen camino los objetivos, debemos de tomar acciones sobre dichos cambios, debido a que estos pueden ser potencialmente perjudiciales en el mediano o largo plazo y que en un plazo inmediato no es evidente que afecten nuestros resultados.

En los casos de estos cambios a lo interno o externo del negocio, las acciones correctivas, bien pueden ir por el camino de la revisión y verificación, de que dichos cambios puedan o no afectar los resultados de manera posterior a nuestro negocio, o bien podrían potenciarlos; pero lo que debe quedar claro, es que se debe tomar acciones para prever posibles efectos adversos.

Como se puede observar en el cuadro Nº 14 (última fila), sólo si se demuestra que se va logrando los objetivos establecidos y no ha habido cambios internos y externos, es que debemos continuar con la estrategia diseñada e implementada, teniendo cuidado siempre de que no debemos cumplir la clásica frase de: "*si no está averiado, no lo arregles*"; es decir, que la vigilancia debe estar alerta y constante, ya que siempre puede haber factores que corregir para mejorar.

Existen tres actividades básicas para la evaluación de la estrategia (David, 2008):

IV.1 REVISIÓN DE LAS BASES DE LA ESTRATEGIA

La revisión de las bases de la estrategia tiene que ver con los cambios que puede haber tanto a lo interno como a lo externo y que afectan a nuestro negocio, es necesario considerar preguntas como:

1. ¿Cómo han reaccionado nuestros competidores o potenciales competidores, han cambiado sus estrategias, fortalezas y debilidades?
2. ¿Si han cambiado, porque lo han hecho?
3. ¿Por qué algunos competidores están haciendo ciertos cambios estratégicos?
4. ¿Por qué algunas estrategias de los competidores tienen éxito?
5. ¿Qué tan satisfechos están nuestros competidores con sus actuales posiciones de mercado y rentabilidad?
6. ¿Es necesario agregar, reducir, eliminar o crear nuevas estrategias para seguir creciendo y mejorando?

Como podemos observar, tomar en cuenta cuestiones claves de estos cambios, radica en la vigilancia constante de las oportunidades, amenazas, debilidades y fortalezas; el asunto no es si estos factores cambiaran o no, sino cuando y como es que cambiarán, por ello el monitoreo debe ser constante, inclusive hoy es mucho más necesario que antes. Las preguntas para revisar nuestros factores clave internos y externos serian:

1. ¿Nuestras fortalezas todavía son fortalezas?
2. ¿Tenemos alguna otra fortaleza? ¿Cuál(es)?
3. ¿Nuestras debilidades todavía son debilidades?
4. ¿Tenemos alguna otra debilidad? ¿Cuál(es)?
5. ¿Nuestras oportunidades todavía son oportunidades?
6. ¿Tenemos alguna otra oportunidad? ¿Cuál(es)?
7. ¿Nuestras amenazas todavía son amenazas?
8. ¿Tenemos alguna otra amenaza? ¿Cuál(es)?

La revisión constante de nuestros factores internos y externos, como hemos venido mencionando a lo largo del proceso de *Dirección Estratégica*, nos va permitir aplicar el esquema de 4 acciones sobre nuestras estrategias: aumentar, reducir, eliminar o crear nuevas estrategias con las acciones correctivas (Kim y Mauborgne, 2005).

IV.2 MEDICIÓN DEL DESEMPEÑO

Incluye comparar los resultados reales con los resultados esperados, investigar las desviaciones, evaluar el desempeño de equipo e individual y examinar el logro de los objetivos establecidos. Cuando no se logren los objetivos esperados es necesario realizar los ajustes (acciones correctivas).

En la medición del desempeño, tanto los criterios cuantitativos (indicadores financieros) necesarios como los criterios cualitativos, se basan en tres comparaciones esenciales:

1. Comparar el desempeño de la empresa en diferentes periodos,

2. Comparar el desempeño de la empresa con el de los competidores y

3. Comparar el desempeño de la empresa con el promedio de la industria.

Es necesario tener en cuenta que, realizar la evaluación de la estrategia y los criterios para evaluarla dependen en gran medida del contexto, la industria, el tamaño, estrategias y el estilo de gerencial que posea cada tipo de negocio. Por ejemplo, un negocio pequeño que emplee una estrategia defensiva de reducción gastos, evaluara con criterios muy diferentes que un negocio que aplica estrategias agresivas de posicionamiento de mercado.

Algunos indicadores financieros necesarios que debemos tener en cuenta como criterios para la evaluación son: rendimiento sobre inversión (ROI), rendimiento sobre capital (ROE), margen de ganancia, participación de mercado, endeudamiento patrimonial, endeudamiento de capital, crecimiento de ventas, utilidad neta.

El problema con la evaluación cuantitativa es que la mayoría de los indicadores financieros están orientados al inmediatismo (corto plazo anual) y en muchos casos miden resultados después de que los recursos se hayan utilizado y desperdiciado, luego de que no hayan sido satisfactorios; por ello, es importante no descuidar la evaluación cualitativa de la estrategia.

Los criterios cualitativos tienen la ventaja de medir las causas que pueden estar generando problemas financieros (evaluación cuantitativa) y hacer correcciones en tiempo real antes de generar resultados desalentadores; criterios como ausentismo, alta rotación de personal, calidad de atención y satisfacción del cliente son críticos a la hora de dar resultados. Estos pueden verse reflejados como una consecuencia en los números del negocio.

Tenemos 6 preguntas importantes que podemos hacernos a la hora de evaluar cualitativamente las estrategias:

1. ¿La estrategia es internamente consistente?
2. ¿La estrategia es consistente con el entorno?
3. ¿La estrategia es apropiada en vista de los recursos disponibles?
4. ¿La estrategia es factible?
5. ¿La estrategia implica un grado aceptable de riesgo?
6. ¿La estrategia tiene un plazo apropiado de tiempo?

Las preguntas 1 y 2 tienen que ver con la consistencia y coherencia que debe mostrar la estrategia tanto al interno como al externo del negocio.

Las preguntas 3 y 4 mide los recursos con los que contamos y la posibilidad de si el entorno permitirá hacer de nuestra estrategia exitosa, la cual debe ser realista.

Las preguntas 5 y 6 tienen que ver con lo que denominamos *margen de maniobra* que te permita asumir riesgos en determinado tiempo y no morir en el intento, en caso el resultado fuera fallido (riesgo y tiempo aceptable).

IV.2.1 Factores de éxito empresarial

La evaluación cualitativa está muy relacionada con la eficacia y eficiencia empresarial como los factores de éxito en un negocio, y que lamentablemente muy pocas empresas practican o logran mínimamente entender, incluso asesores y consultores de amplia experiencia. Lo más irónico es que esto forma parte del propio sistema de la empresa en el cual está inmerso todo negocio.

De manera general, podemos decir que la eficacia consiste en hacer las cosas correctas (hacer lo correcto), mientras la eficiencia consiste en hacer las cosas correctamente (hacerlas bien); si hacemos lo correcto de la manera correcta nuestros resultados serán superiores.

Como habíamos mencionado anteriormente, lo dicho por el gran Peter Drucker, es absurda la idea de crear un producto que nadie quiere. La eficacia empresarial está relacionada con el cliente y el producto, es lo primero por lo que deberíamos velar; y la eficiencia está relacionado con los recursos y los procesos. Ambos conceptos son netamente cualitativos. Entonces la fórmula de evaluación a tener en cuenta sería eficacia–eficiencia y no eficiencia-eficacia, ese orden debe quedar bien establecido y no como muchas empresas lo están aplicando erróneamente.

En la figura N° 11, podemos observar la eficacia y eficiencia como factores de éxito que forma parte, justamente, del propio proceso de la empresa[35]. Como se puede ver en este esquema, cuando hablamos de eficacia y eficiencia, desde el punto vista empresarial, tener eficacia significa tener clientes satisfechos y productos de calidad, está orientada a los resultados. Y la eficiencia está orientada a aprovechar mejor los recursos y los procesos en los plazos y costos previstos.

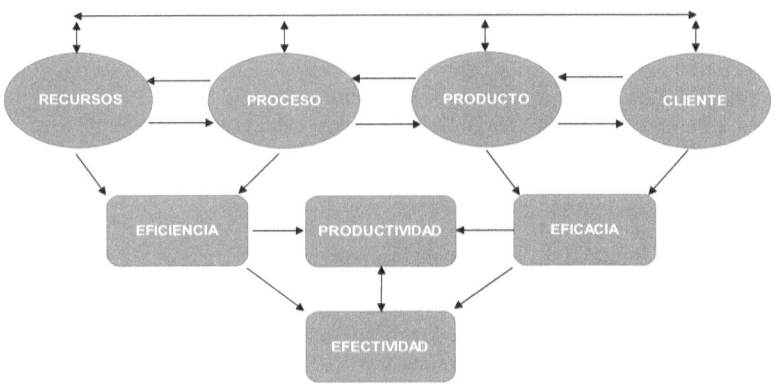

Figura N° 11: Factores de éxito empresarial
Fuente: Jesús M. Beltrán Jaramillo. Indicadores de gestión, 2017.

Además, como se puede ver en la figura N° 11, el cumplimiento de la eficacia y la eficiencia llevan a la productividad y a la efectividad. La productividad explica una relación favorable entre los resultados y lo recursos generados en el proceso y la efectividad la logramos cuando se logra los resultados programados utilizando de la mejor manera los recursos. Ambas, productividad y efectividad tienen una relación integral e interdependiente de ida y vuelta del logro de la eficacia y eficiencia a diferente nivel.

Lamentablemente la mayoría de empresas se centran primeramente en la eficiencia, creyendo que con ello lograran obtener los mejores resultados, cuando en realidad lo que debemos hacer primero es velar por la eficacia, y la eficiencia la podemos ir ajustando y mejorándola en el camino, teniendo clientes satisfechos y productos posicionados que nos permitan seguir en el mercado.

---

[35] Véase Jesús Beltrán, Indicadores de Gestión (2017).

IV.2.2 Cuadro de mando integral (Balanced Scorecard)

Propuesto por Robert Kaplan y David Norton (1993), es una herramienta de medición, control y evaluación basado en lo que mencionábamos anteriormente, el equilibrio entre la evaluación cuantitativa y la cualitativa, ya que la forma tradicional, hasta ese entonces, de mirar a las empresas, era a través de sus resultados financieros (cuantitativos) únicamente, lo cual tenía muchas limitaciones.

Lamentablemente, aún existen muchas empresas relegadas en el pasado que creen que la medición financiera es la única mejor forma de medir los resultados, y lo ven como un fin sí mismo.

El balanced scorecard (BSC), permite evaluar la estrategia del negocio considerando 3 perspectivas básicas más para la evaluación, además de la clásica perspectiva financiera; es decir, quedaríamos con 4 perspectivas básicas: perspectiva cliente, perspectiva procesos internos, perspectiva financiera, y perspectiva aprendizaje y crecimiento.

En la figura Nº 12, se presenta la idea base de un tablero de control de Gestión Estratégica que sirve para la elaboración de un cuadro de mando integral. Como podrá apreciar, la idea esencial del cuadro de mando integral se asemeja al tablero de control de un automóvil, en donde para hacer funcionar nuestro vehículo necesitamos información que nos la da el tablero sobre el nivel de gasolina, la temperatura, la revoluciones, la velocidad, entre otros factores.

De igual manera, en nuestro negocio necesitamos saber de indicadores que nos digan cómo está caminando nuestro vehículo empresarial: si nuestros clientes están satisfechos, tenemos salud financiera, procesos eficientes y si estamos innovando en aprendizaje para crecer. Esta información es vital para saber hacia dónde vamos y como estamos recorriendo el camino correcto, de lo contrario podríamos estar yendo rumbo al fracaso y ni siquiera saberlo.

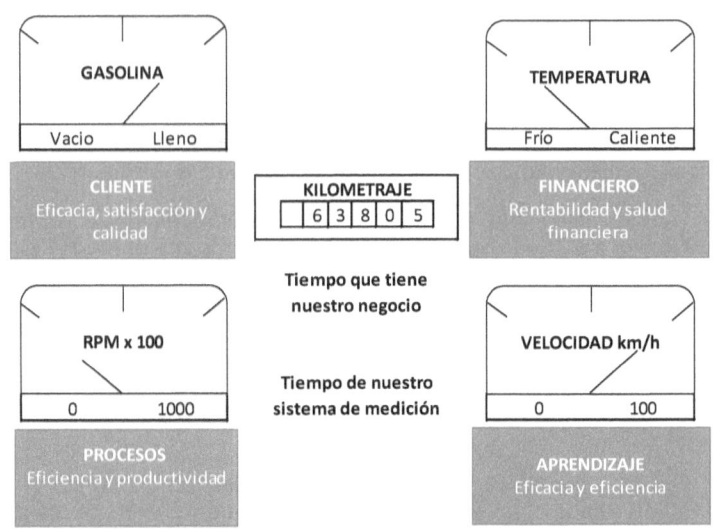

Figura N° 12: Tablero de control de Gestión Estratégica
Fuente: Adaptación tomada de Raúl Choque Larrauri. Planeamiento Estratégico, 2016.

Como Ud. habrá podido darse cuenta, la eficacia empresarial corresponde con la perspectiva cliente, la eficiencia empresarial con los procesos internos, la perspectiva aprendizaje y crecimiento con ambas (tanto eficacia como eficiencia) y finalmente la perspectiva financiera que es una consecuencia lógica y natural de aplicar la eficacia y la eficiencia empresarial de manera exitosa.

Si le otorgáramos porcentajes, diríamos que la evaluación cualitativa (perspectiva cliente, perspectiva procesos, y perspectiva aprendizaje y crecimiento) tiene un peso de 75% en la evaluación y la evaluación cuantitativa (perspectiva financiera) tiene solo el 25% de peso en la evaluación; lo cual nos demuestra el valor que tenemos que darles a los factores cualitativos en la evaluación de las estrategias[36].

La aplicación del cuadro de mando integral responderá a preguntas como: ¿nuestros clientes están satisfechos con nuestros productos o servicios?, ¿la calidad de nuestros productos o servicios es superior?, ¿estamos innovando en valor[37]?

---

[36] Desde esta perspectiva, tanto lo que menciona Drucker, Beltrán, Kaplan y Norton, dan un tremendo soporte a que los aspectos cualitativos de la empresa y su evolución, deben y tienen que tener el mayor peso de monitoreo, sobre los aspectos financieros, que son la consecuencia de una buena gestión cualitativa. Están por demás, aquellos "gurús" que digan que, revisando los aspectos financieros de la empresa, van a lograr el éxito de la misma. La conclusión es que los aspectos financieros son necesarios sí, pero no suficientes.
[37] *La innovación en valor es un concepto clave, introducido por Kim y Mauborgne (2005), para aquellos emprendedores que busquen crear y descubrir nuevos mercados, es un concepto que va mucho más allá de*

¿poseemos liderazgo?, ¿son eficientes nuestros procesos?, ¿nuestras ventajas competitivas se mantienen o han mejorado?, etc.

Existen diversas formas de desarrollar un cuadro de mando integral (BSC), adecuado al tipo de empresa y contexto de esta. Sin embargo, rebaza el objetivo del presente libro, el desarrollar de manera profunda este modelo. Sin embargo, es importante que usted conozca, que es una herramienta muy efectiva para la evaluación de las estrategias de su negocio, probablemente, en el futuro, podamos desarrollar un nuevo texto sobre balanced scorecard (BSC), así como otras herramientas más de evaluación, aplicado a las MIPYMES.

IV.3 TOMA DE ACCIONES PREDICTIVAS, PREVENTIVAS Y/O CORRECTIVAS.

El objetivo de las acciones predictivas, preventivas y/o correctivas es retomar la posición competitiva de la empresa con miras a alcanzar los objetivos previstos. Ejemplos de acciones predictivas, preventivas y/o correctivas podrían ser revisar la misión del negocio, reestructurar las estrategias y equipos, reestructurar la organización, sustituir personas, agregar o cambiar objetivos, idear nuevas políticas, aumentar la fuerza de ventas, asignar recursos de manera diferente o desarrollar nuevos tipos de incentivos.

La toma de acciones predictivas, preventivas y/o correctivas no significa necesariamente que las estrategias sean abandonadas ni que deban diseñarse nuevas estrategias, ello depende mucho de la evaluación y el contexto que se tenga.

En el caso de las acciones predictivas y/o preventivas, nos permitirá tomar acciones antes de que sucedan consecuencias poco satisfactorias y de resultados no tan buenos para el negocio. Nos permiten hacer arreglos en tiempo real antes de que sea demasiado tarde y los gastos o la inversión se pueda haber tirado por la borda. Este tipo de acciones también nos permiten manejar y ser más conscientes del margen de maniobra necesario para retroalimentar mejor el proceso de nuestro negocio, de tal manera que no cometamos errores de los cuales después nuestro emprendimiento ya no pueda levantarse.

Las acciones correctivas cierran el ciclo del proceso de dirección estratégica, para posteriormente iniciar un nuevo ciclo ya que con los ajustes realizados y acciones respectivas nuevamente se diseña, ejecuta y evalúa, realizándose nuevos ajustes de acuerdo al contexto cambiante y lo resultados obtenidos, generándose el círculo virtuoso de crecimiento empresarial continuo.

Como menciona David, las acciones correctivas deben colocar a un negocio en una mejor posición para capitalizar sus fortalezas, para aprovechar sus oportunidades clave, para evitar, reducir o atenuar las amenazas y para mejorar las debilidades internas. La evaluación continua de la estrategia mantiene al emprendedor

---

la innovación tecnológica y tienen que ver con satisfacción de los mercados, entrega de valor para clientes y no clientes y lograr productos y servicios que el público entienda, compre y consuma, en donde la competencia pierda completa importancia, lográndose grandes sin ventajas competitivas muy difíciles de igualar.

(ejecutivo) al tanto de su negocio y brinda la información necesaria para mantener un sistema efectivo de dirección.

Un proceso de evaluación de las estrategias efectivo debe cumplir las siguientes características:

1. Deben ser económicas, nos es recomendable caer en el empacho informativo, tener demasiada información como muy poca hace más daño que bien, solo lo necesario.
2. Deben ser significativas, deben estar relacionadas específicamente con los objetivos de la empresa.
3. Deben ser útiles y oportunas, el manejo de la información hoy más que nunca es dinámica y pierde valor con el paso del tiempo.
4. Debe presentar una imagen verdadera de lo que sucede, en tiempo real para tomar las previsiones cuando son fáciles de solucionar antes que sean complejas y más difíciles de resolver. Sobre todo, en los aspectos cualitativos, como ya mencionamos anteriormente.
5. Deben estar orientada esencialmente a la acción más que a la información.
6. Deben ser simples, no engorrosas ni demasiado restrictivas.

El ciclo termina con la ejecución de las acciones correctivas que van encauzar las estrategias por el sendero que queremos, iniciando nuevamente el ciclo mejorando o cambiando lo que se necesite, corregir en el diseño para nuevamente implementar mejoras, con resultados más sobresalientes, y así sucesivamente se genera un bucle continuo de crecimiento.

IV.4 IMPLICANCIAS PARA EMPRENDEDORES, GERENTES Y EJECUTIVOS.

La evaluación de la estrategia debe ser una actividad constante, se tiene que acostumbrar a convertirla en una actividad habitual y no hecha solo por cumplimiento y burocráticamente como en la mayoría de empresas lo interpreta erróneamente.

El estratega debe de ejecutar la evaluación de manera continua y predictivamente, de tal manera, que los errores que se vayan cometiendo se vayan ajustando en el camino y no esperar los datos históricos, al final del periodo, cuando el fracaso ya ha sido consolidado, ocasionando grandes pérdidas. La idea de la evaluación continua es justamente evitar esas pérdidas.

La evaluación cualitativa es tan, o hasta más importante que la evaluación financiera que se haga de las estrategias, ya que la evaluación de indicadores financieros son el resultado consecuente de trabajar muy bien los factores cualitativos como los factores de éxito empresarial (la eficacia, la eficiencia, la productividad y la efectividad); vitales para el éxito de nuestra organización.

Todo emprendedor o ejecutivo debe entender que el impulso fundamental de su organización o equipo es trabajar primero sobre la eficacia empresarial y luego la eficiencia; no al revés, como muchas empresas cometen este error de hacer en su filosofía y evaluaciones. Como dice Jeff Bezos la preocupación fundamental de nuestra empresa es vivir por nuestros clientes, allí está el secreto del éxito, que parece simple, pero que muchas empresas lo descuidan completamente y eternamente.

Como líderes y estrategas se debe entender que esta etapa forma parte fundamental del trípode del proceso de *Dirección Estratégica* (diseño, implemento y evaluación). Como bien sabemos, en un trípode, al igual que las fases anteriores del proceso que hemos visto, si se cae alguno, se derrumba absolutamente todo el proceso y caminaremos a la deriva sin saber por dónde andamos. Esta parte del cierre del proceso y su realización correcta, conlleva a hacer una gestión estratégica efectiva, un emprendimiento profesional y de éxito.

Los buenos estrategas hacen avanzar a su organización con un propósito y una dirección, evaluando y mejorando continuamente las posiciones estratégicas internas y externas de la organización
Fred R. David

APENDICE

Presentamos una lista de preguntas de verificación guía de acuerdo con las distintas funciones dentro del negocio para hacer el análisis interno (David, 2008):

II.3.1.5 Lista de verificación de preguntas para un análisis de función administrativa

1. ¿Entendemos cómo se está desarrollando la dirección estratégica en el negocio, la aplicamos correctamente?
2. ¿Entendemos lo conceptos del ciclo administrativo?
3. ¿Los objetivos y metas son mensurables y se comunican adecuadamente al equipo?
4. ¿Se hace una planeación eficaz?
5. ¿Se sabe delegar correctamente?
6. ¿Nuestro equipo es profesional?
7. ¿Es correcta nuestra estructura?
8. ¿Son eficaces los mecanismos de recompensa y control?
9. ¿Son claras las funciones de cada personal?
10. ¿Es alta la moral del equipo?

II.3.2.6 Lista de verificación de preguntas para un análisis de función de marketing

1. ¿Sabemos a quienes no dirigimos?
2. ¿Estamos bien posicionados?
3. ¿Cómo va nuestra participación de mercado?
4. ¿Los canales de distribución son confiables y rentables?
5. ¿La organización de ventas es eficaz?
6. ¿Se ha investigado el mercado?
7. ¿La calidad de nuestro producto y servicio es buena?
8. ¿Nuestros precios son competitivos?
9. ¿Tenemos una estrategia eficaz de promoción y publicidad?
10. ¿Marketing, planeación y presupuestos están integrados y son eficaces?

II.3.3.1 Lista de verificación de preguntas para un análisis de función de finanzas y contabilidad

1. ¿En dónde somos financieramente fuertes y débiles?
2. ¿Es fácil el acceso al capital?
3. ¿Tenemos capital de trabajo?
4. ¿Son eficaces los procedimientos de presupuesto?
5. ¿Los indicadores más importantes nos favorecen y dan buenas señales de que estamos haciendo bien las cosas?

II.3.4.1 Lista de verificación de preguntas a realizar para un análisis de función de producción y operaciones

1. ¿Nuestros suministros son confiables y razonables?
2. ¿Las instalaciones, equipo y maquinaria funcionan correctamente?
3. ¿Son eficaces nuestras políticas y procedimientos de control de inventarios y de calidad?
4. ¿Las instalaciones, recursos y mercados están localizados de manera estratégica?
5. ¿Contamos con capacidad tecnológica?

II.3.5.1 Análisis de función de investigación y desarrollo

1. ¿hacemos investigación y desarrollo?
2. ¿asignamos recursos para investigación y desarrollo?
3. ¿es eficaz la comunicación entre investigación y desarrollo y otros agentes del equipo?
4. ¿nuestros productos actuales son tecnológicamente competitivos?

II.3.6.1 Análisis de los sistemas de información gerencial

1. ¿Tenemos un buen sistema de información para toma de decisiones?
2. ¿Los datos se actualizan con regularidad?
3. ¿El sistema de información es amigable con el usuario?
4. ¿El sistema de información se mejora continuamente?

Las respuestas que nos hacemos a las preguntas esbozadas en cada una de las funciones descritas, nos ayudarán a descubrir factores clave que afectan a nuestro negocio, los cuales serán clasificados como fortalezas o debilidades, y de los cuáles debemos priorizar en importancia para utilizarlos de tal manera, que nos podamos aprovechar las oportunidades detectadas y evitar las amenazas que vienen de fuera.

BIBLIOGRAFÍA

Andrés Oppenheimer. 2018. Basta de historias. Penguin Randon House Group Editorial. México.

Brian Dumaine. 2020. Bezonomics. Penguin Randon House Group Editorial. México.

Carlos Niezen. 2020. Mentalidad Estratégica: El arte de triunfar en los negocios. Editorial Planeta Perú S.A. Lima.

Daniel Kahneman. 2012. Pensar rápido, pensar despacio. Penguin Randon House Grupo Editorial. México.

Donald G. Krause. El arte de la guerra para ejecutivos: el texto clásico de Sun Tzu adaptado para ejecutivos. Editorial EDAF. España.

Enrique G. Herrscher. 2008. Planeamiento Sistémico: un enfoque estratégico en la turbulencia. Granica. Buenos Aires.

Eric Ries. 2020. El método Lean Startup: cómo crear empresas de éxito utilizando la innovación continua. Editorial Nomos SA. Colombia.

Fred R. David. 2008. Conceptos de Administración Estratégica. Pearson Educación. México.

George Silverman. 2013. Los secretos del marketing boca a boca. Editorial Norma. Chile.

Jesús Mauricio Beltrán Jaramillo. 2017. Indicadores de gestión. Panamericana Editorial Ltda. Bogotá.

John Doerr. 2019. Mide lo que Importa: Cómo Google, Bono y la Fundación Gates cambian el mundo con OKR. Penguin Randon House Group Editorial. España.

José María Sainz de Vicuña Ancín. 2012. El plan estratégico en la práctica. ESIC Editorial. Madrid.

José Luis Bazán Briceño. 2016. Administración Estratégica: enfoque de generación de valor. Empresa Editora Macro EIRL. Lima.

José Moyano Fuentes / otros. 2011. Administración de empresas: un enfoque teórico-práctico. Pearson Educación S.A. Madrid.

Humberto Serna Gómez. 2017. Gerencia Estratégica. Panamericana Editorial Ltda. Bogotá.

Kevin Murray. 2015. El lenguaje de los líderes. Panamericana Editorial Ltda. Colombia.

Larry Bossidy / Ram Charan. 2018. El arte de la ejecución en los negocios. Penguin Randon House Group Editorial. México.

Luis Milla Lostaunau. 2007. El poder del planeamiento Estratégico. Editorial San Marcos. Lima.

Luis V. Sánchez Ygreda. 1998. Manual de términos económicos y financieros. Editorial San Marcos. Lima.

Michael E. Porter. 2013. Ventaja Competitiva: creación y sostenibilidad de un rendimiento superior. Ediciones Pirámide. Madrid.

Michael E. Porter. 1982. Estrategia Competitiva: Técnicas para el análisis de los sectores industriales y de la competencia. Compañía Editorial Continental. México.

Mihaly Csikszentmihalyi. 2003. Fluir en los negocios. Editorial Kairós S.A. Barcelona.

Néstor Braidot. 2012. Neuromanagement: cómo utilizar a pleno el cerebro en la conducción exitosa de las organizaciones. Ediciones Granica S.A. Argentina.

Néstor Braidot. 2009. Neuromarketing: ¿por qué tus clientes se acuestan con otro si dicen que les gustas tú? Grupo Planeta. Barcelona.

Peter Drucker. 2018. Eficacia Ejecutiva. Penguin Randon House Group. España.

Peter Drucker. 2013. El Ejecutivo Eficaz. Editorial Sudamericana S.A. México.

Peter Drucker. 2002. La Gerencia en la Sociedad Futura. Editorial Buena Semilla. Colombia.

Peter Drucker. 1994. La sociedad Postcapitalista. Editorial Norma. Colombia.

Raúl Choque Larrauni. 2016. Planeamiento Estratégico: utilizando el balanced scorecard. Empresa Editora Macro EIRL. Perú.

Richard Branson. 2017. El Estilo Virgin: escuchar, aprender, reír y liderar. Editorial Planeta Perú S.A. Lima.

Robert S. Kaplan / David P. Norton. 2008. The Execution Premium: integrando la estrategia y las operaciones para lograr ventajas competitivas. Ediciones Deusto. Barcelona.

Sean Covey. 2017. Las 4 Disciplinas de la Ejecución. Penguin Randon House Group. México.

Stephen R. Covey. 2016. Los 7 Hábitos de la Gente Altamente Efectiva: la revolución de la ética en la vida cotidiana y en la empresa. Buenos Aíres Paidós. Argentina.

Stepen P. Robbins. 2009. Comportamiento Organizacional. Pearson Educación de México S.A. México.

W. Chan Kim / Renée Mauborgne. 2005. La Estrategia de Océano Azul: como desarrollar un nuevo mercado donde la competencia no tiene ninguna importancia. Editorial Norma. Colombia.

AGRADECIMIENTOS

Expreso mi profundo agradecimiento a personas magníficas que me apoyaron a emprender parte de este proyecto que es, a la vez, parte de otro mucho más grande.

Mi agradecimiento especial a grandes personas como el Mg. Gilmer Q. Tapia Burga, quién fuera el que me propuso por primera vez que emprendiera la aventura de escribir un libro; al Dr. Pedro J. Fustamante Idrogo, por sus valiosas apreciaciones correctivas en la revisión de parte del texto; al Dr. Carlos S. Córdova Calle, por su importante asesoría en parte este trabajo; al Mg. Omar G. Velasco Palacios y el Dr. Dayron Lugo Denis, por su apoyo en algunos aspectos técnicos y legales; a la Bach. Katherine G. Medina Pimentel, por sus útiles y motivadoras apreciaciones en los borradores que se iban revisando; a la Dra. Juana R. Siancas Zapata por sus valiosos y alicientes comentarios; a la MBA. Verónica R. Ríos Yovera y al MBA. Ricardo G. Gómez Sernaqué, por sus interesantes apreciaciones y gran apoyo; al Dr. Víctor M. Fernández López, al Eco. Max D. Carrasco Rufasto y al Eco. José L. Gómez Nunura, por sus agudas opiniones sobre las ideas del manuscrito; a la Lic. Mariluz R. Palacios Cruz, por su apoyo en algunos temas como la protección de derechos de autor; al Ing. Aldo S. Pereda Castillo, al Ing. Felipe J. Campos Saldaña y al Ing. Carlos L. Timaná Yarlequé, quiénes me brindaron su apoyo en algunos aspectos como la edición de diseño; a la Mg. Silvia L. Miñano Guevara, a la Eco. Yessy J. Véliz Narváez y la Prof. Luz E. Quiroz Álvarez, por su apoyo y consejos en la parte comunicativa y de contenido; al Dr. Eduardo R. Carmen Noblecilla, al Mg. Luis B. Castillo Chung, al Mg. Luis F. Falla Sayaverdi, a la Ing. Mayra J. León Rojas, a la Sra. Katherine J. Rojas Cisneros, al Prof. William C. Torres Lozano, Sr. Jorge A. Granados Paredes y al Sr. Eliot O. Sánchez Rojas por su gran apoyo en la recomendación de especialistas técnicos de los que necesitaba asesoría.

A todos ellos, grandes personas, profesionales y emprendedores, que me dieron sus valiosos consejos técnicos, orientativos y recomendaciones, que me sirvieron en gran medida para la elaboración de este pequeño ensayo; les agradezco profundamente porque ello significó, algo que es mucho más importante todavía, significó que creyeron en este modesto trabajo y por ende en mi persona, que es lo más valioso para mí.

¡¡Muchas gracias!!

*Para dudas o consultas puede contactarnos a
nuestro correo electrónico:* cjmconsultingcge@gmail.com
o encontrarnos en https://web.facebook.com/CJMconsulting2021
tiktok.com/@cjmconsultingcge *o*
www.youtube.com/@cjmconsultingcge

*Solo Dios y los cínicos son perfectos.
Dios por ser el Ser Supremo
y los cínicos porque nunca
en su vida emprendieron nada
o nunca aceptaran de sus errores*